EL CATECISMO MENOR de MARTÍN LUTERO

con explicaciones

EDITORIAL CONCORDIA • SAINT LOUIS

3558 South Jefferson Avenue, Saint Louis, Missouri 63118-3968 U.S.A.
Impreso en los Estados Unidos de Norteamérica

Ilustraciones de Sara Tyson.

Editorial Concordia es la división hispana de Concordia Publishing House.

1 2 3 4 5 6 7 8 9 10 24 23 22 21 20 19 18 17 16 15

CONTENIDO

EL CATECISMO MENOR DE LUTERO

Publicado por primera vez en el año 1529

LOS DIEZ MANDAMIENTOS

Cómo el jefe de familia debe enseñarlos en forma muy sencilla a los de su casa.

El Primer Mandamiento

No tengas otros dioses aparte de mí.

¿Qué quiere decir esto?

Más que a todas las cosas debemos temer y amar a Dios y confiar en él.

El Segundo Mandamiento

No hagas mal uso del nombre del Señor tu Dios.

¿Qué quiere decir esto?

Debemos temer y amar a Dios de modo que no usemos su nombre para maldecir, jurar, hechizar, mentir o engañar, sino que lo invoquemos en todas las necesidades, lo adoremos, alabemos y le demos gracias.

El Tercer Mandamiento

Acuérdate del día de reposo, para santificarlo.

¿Qué quiere decir esto?

Debemos temer y amar a Dios de modo que no despreciemos la predicación y su palabra, sino que la consideremos santa, la oigamos y aprendamos con gusto.

El Cuarto Mandamiento

Honra a tu padre y a tu madre.

¿Qué quiere decir esto?

Debemos temer y amar a Dios de modo que no despreciemos ni irritemos a nuestros padres y superiores, sino que los honremos, les sirvamos, obedezcamos, los amemos y tengamos en alta estima.

El Quinto Mandamiento

No mates.

¿Qué quiere decir esto?

Debemos temer y amar a Dios de modo que no hagamos daño o mal material alguno a nuestro prójimo en su cuerpo, sino que le ayudemos y hagamos prosperar en todas las necesidades de su vida.

El Sexto Mandamiento

No cometas adulterio.

¿Qué quiere decir esto?

Debemos temer y amar a Dios de modo que llevemos una vida casta y decente en palabras y obras, y que cada uno ame y honre a su cónyuge.

El Séptimo Mandamiento

No robes.

¿Qué quiere decir esto?

Debemos temer y amar a Dios de modo que no quitemos el dinero o los bienes de nuestro prójimo, ni nos apoderemos de ellos con mercaderías o negocios falsos, sino que le ayudemos a mejorar y conservar sus bienes y medios de vida.

El Octavo Mandamiento

No digas mentiras en perjuicio de tu prójimo.

¿Qué quiere decir esto?

Debemos temer y amar a Dios de modo que no mintamos contra nuestro prójimo, ni le traicionemos, ni calumniemos, ni le difamemos, sino que le disculpemos, hablemos bien de él e interpretemos todo en el mejor sentido.

El Noveno Mandamiento

No codicies la casa de tu prójimo.

¿Qué quiere decir esto?

Debemos temer y amar a Dios de modo que no tratemos de obtener con astucia la herencia o la casa de nuestro prójimo ni nos apoderemos de ellas con apariencia de derecho, sino que le ayudemos y cooperemos con él en la conservación de lo que le pertenece.

El Décimo Mandamiento

No codicies la mujer de tu prójimo, ni su esclavo o esclava, ni su buey ni su asno, ni nada que le pertenezca.

¿Qué quiere decir esto?

Debemos temer y amar a Dios de modo que no le quitemos al prójimo su mujer, sus criados o sus animales, ni los alejemos, ni hagamos que lo abandonen, sino que los instemos a que permanezcan con él y cumplan con sus obligaciones.

¿Qué dice Dios de todos estos mandamientos en conjunto?

*Dice así: "Yo soy el Señor tu Dios, fuerte y celoso. Yo visito en los hijos la maldad de los padres que me aborrecen, hasta la tercera y cuarta generación, pero trato con misericordia infinita a los que me aman y cumplen mis mandamientos." (***Ex 20.5-6***)*

¿Qué quiere decir esto?

Dios amenaza castigar a todos los que traspasan estos mandamientos. Por lo tanto, debemos temer su ira y no actuar en contra de dichos mandamientos. En cambio, él promete gracia y todo género de bienes a todos los que los cumplen. Así que debemos amarlo y confiar en él y actuar gustosos conforme a sus mandamientos.

EL CREDO

Cómo el jefe de familia debe enseñarlo en forma muy sencilla a los de su casa.

El primer artículo

La creación

Creo en Dios Padre todopoderoso, creador del cielo y de la tierra.

¿Qué quiere decir esto?

Creo que Dios me ha creado y también a todas las criaturas; que me ha dado cuerpo y alma, ojos, oídos y todos los miembros, la razón y todos los sentidos y aún los sostiene, y además vestido y calzado, comida y bebida, casa y hogar, esposa e hijos, campos, ganado y todos los bienes; que me provee abundantemente y a diario de todo lo que necesito para sustentar este cuerpo y vida, me protege contra todo peligro y me guarda y preserva de todo mal; y todo esto por pura bondad y misericordia paternal y divina, sin que yo en manera alguna lo merezca ni sea digno de ello. Por todo esto debo darle gracias, ensalzarlo, servirle y obedecerle. Esto es con toda certeza la verdad.

El segundo artículo

La redención

Y en Jesucristo, su único Hijo, nuestro Señor; que fue concebido por obra del Espíritu Santo, nació de la virgen María; padeció bajo el poder de Poncio Pilatos, fue crucificado, muerto y sepultado; descendió a los infiernos; al tercer día resucitó de entre los muertos; subió a los cielos y está sentado a la diestra de Dios Padre todopoderoso; y desde allí ha de venir a juzgar a los vivos y a los muertos.

¿Qué quiere decir esto?

Creo que Jesucristo, verdadero Dios engendrado del Padre en la eternidad, y también verdadero hombre nacido de la virgen María, es mi Señor, que me ha redimido a mí, hombre perdido y condenado, y me ha rescatado y conquistado de todos los pecados, de la muerte y del poder del diablo, no con oro o plata, sino con su santa y preciosa sangre y con su inocente pasión y muerte; y todo esto lo hizo para que yo sea suyo y viva bajo él en su reino, y le sirva en justicia, inocencia y bienaventuranza eternas, así como él resucitó de la muerte y vive y reina eternamente. Esto es con toda certeza la verdad.

El tercer artículo

La santificación

Creo en el Espíritu Santo; la santa iglesia cristiana, la comunión de los santos; el perdón de los pecados; la resurrección de la carne y la vida perdurable. Amén.

¿Qué quiere decir esto?

Creo que ni por mi propia razón, ni por mis propias fuerzas soy capaz de creer en Jesucristo, mi Señor, o venir a él; sino que el Espíritu Santo me ha llamado mediante el evangelio, me ha iluminado con sus dones, y me ha santificado y conservado en la verdadera fe, del mismo modo como él llama, congrega, ilumina y santifica a toda la cristiandad en la tierra, y la conserva unida a Jesucristo en la verdadera y única fe; en esta cristiandad él me perdona todos los pecados a mí y a todos los creyentes, diaria y abundantemente, y en el último día me resucitará a mí y a todos los muertos y me dará en Cristo, juntamente con todos los creyentes, la vida eterna. Esto es con toda certeza la verdad.

EL PADRENUESTRO

Cómo el jefe de familia debe enseñarlo en forma muy sencilla a los de su casa.

Padre nuestro que estás en los cielos. Santificado sea tu nombre. Venga a nos tu reino. Hágase tu voluntad, así en la tierra como en el cielo. El pan nuestro de cada día, dánoslo hoy. Y perdónanos nuestras deudas, así como nosotros perdonamos a nuestros deudores. Y no nos dejes caer en la tentación. Mas líbranos del mal. Porque tuyo es el reino y el poder y la gloria por los siglos de los siglos. Amén.

La introducción

Padre nuestro que estás en los cielos.

¿Qué quiere decir esto?

Con esto, Dios quiere atraernos para que creamos que él es nuestro verdadero Padre y nosotros sus verdaderos hijos, a fin de que le pidamos con valor y plena confianza, como hijos amados a su amoroso padre.

Primera Petición

Santificado sea tu nombre.

¿Qué quiere decir esto?

El nombre de Dios ya es santo de por sí; pero rogamos con esta petición que sea santificado también entre nosotros.

¿Cómo sucede esto?

Cuando la palabra de Dios es enseñada en toda su pureza, y cuando también vivimos santamente conforme a ella, como hijos de Dios. ¡Ayúdanos a que esto sea así, amado Padre celestial! Pero quien enseña y vive de manera distinta de lo que enseña la palabra de Dios, profana entre nosotros el nombre de Dios. De ello ¡guárdanos, Padre celestial!

Segunda Petición

Venga a nos tu reino.

¿Qué quiere decir esto?

El reino de Dios viene en verdad por sí solo, aún sin nuestra oración. Pero rogamos con esta petición que venga también a nosotros.

¿Cómo sucede esto?

Cuando el Padre celestial nos da su Espíritu Santo, para que, por su gracia, creamos su santa palabra y llevemos una vida de piedad, tanto aquí en el mundo temporal como allá en el otro, eternamente.

Tercera Petición

Hágase tu voluntad, así en la tierra como en el cielo.

¿Qué quiere decir esto?

La buena y misericordiosa voluntad de Dios se hace, en verdad, sin nuestra oración; pero rogamos con esta petición que se haga también entre nosotros.

¿Cómo sucede esto?

Cuando Dios desbarata y estorba todo mal propósito y voluntad que tratan de impedir que santifiquemos el nombre de Dios y de obstaculizar la venida de su reino, tales como la voluntad del diablo, del mundo y de nuestra carne. Así también se hace la voluntad de Dios, cuando él nos fortalece y nos mantiene firmes en su palabra y en la fe hasta el fin de nuestros días. Esta es su misericordiosa y buena voluntad.

Cuarta Petición

El pan nuestro de cada día, dánoslo hoy.

¿Qué quiere decir esto?

Dios da diariamente el pan, también sin nuestra súplica, aún a todos los malos; pero rogamos con esta petición que él nos haga reconocer esto y así recibamos nuestro pan cotidiano con gratitud.

¿Qué es el pan cotidiano?

Todo aquello que se necesita como alimento y para satisfacción de las necesidades de esta vida, como: comida, bebida, vestido, calzado, casa, hogar, tierras, ganado, dinero, bienes; piadoso cónyuge, hijos piadosos, piadosos criados, autoridades piadosas y fieles; buen gobierno, buen tiempo; paz, salud, buen orden, buena reputación, buenos amigos, vecinos fieles, y cosas semejantes a éstas.

Quinta Petición

Y perdónanos nuestras deudas, así como nosotros perdonamos a nuestros deudores.

¿Qué quiere decir esto?

Con esta petición rogamos al Padre celestial que no tome en cuenta nuestros pecados, ni por causa de ellos nos niegue lo que pedimos. En efecto, nosotros no somos dignos de recibir nada de lo que imploramos, ni tampoco lo hemos merecido, pero quiera Dios dárnoslo todo por su gracia, pues diariamente pecamos mucho y sólo merecemos el castigo. Así, por cierto, también por nuestra parte perdonemos de corazón, y con agrado hagamos bien a los que contra nosotros pecaren.

Sexta Petición

Y no nos dejes caer en la tentación.

¿Qué quiere decir esto?

Dios, en verdad, no tienta a nadie; pero con esta petición le rogamos que nos guarde y preserve, a fin de que el diablo, el mundo, y nuestra carne, no nos engañen y seduzcan, llevándonos a una fe errónea, a la desesperación, y a otras grandes vergüenzas y vicios. Y aun cuando fuéremos tentados a ello, que al fin logremos vencer y retener la victoria.

Séptima Petición

Mas líbranos del mal.

¿Qué quiere decir esto?

Con esta petición rogamos, como en resumen, que el Padre celestial nos libre de todo lo que pueda perjudicar nuestro cuerpo y alma, nuestros bienes y honra, y que al fin, cuando llegue nuestra última hora, nos conceda un fin bienaventurado, y, por su gracia, nos lleve de este valle de lágrimas al cielo, para morar con él.

Porque tuyo es el reino y el poder y la gloria por los siglos de los siglos. Amén.*

¿Qué quiere decir esto?

Que debo estar en la certeza de que el Padre celestial acepta estas peticiones y las atiende; pues él mismo nos ha ordenado orar así y ha prometido atendernos. Amén, amén, quiere decir: Sí, sí, que así sea.

EL SACRAMENTO DEL SANTO BAUTISMO

Cómo el jefe de familia debe enseñarlo en forma muy sencilla a los de su casa.

Primero

¿Qué es el Bautismo?

El Bautismo no es simple agua solamente, sino que es agua comprendida en el mandato divino y ligada con la palabra de Dios.

¿Qué palabra de Dios es ésta?

Es la palabra que nuestro Señor Jesucristo dice en el último capítulo del Evangelio según San Mateo: “Por tanto, vayan y hagan discípulos en todas las naciones, y bautícenlos en el nombre del Padre, y del Hijo, y del Espíritu Santo.” (**Mt 28.19**)

Segundo

¿Qué dones o beneficios confiere el Bautismo?

El Bautismo efectúa perdón de los pecados, redime de la muerte y del diablo, y da la salvación eterna a todos los que lo creen, tal como se expresa en las palabras y promesas de Dios.

¿Qué palabras y promesas de Dios son éstas?

Son las que nuestro Señor Jesucristo dice en el último capítulo de Marcos: “El que crea y sea bautizado, será salvo; pero el que no crea, será condenado.” (**Mc 16.16**)

* *Estas palabras no estaban en el Catecismo Menor de Lutero.*

Tercero

¿Cómo puede el agua hacer cosas tan grandes?

El agua en verdad no las hace, sino la palabra de Dios que está con el agua y unida a ella, y la fe que confía en dicha palabra de Dios ligada con el agua, porque, sin la palabra de Dios, el agua es simple agua, y no es Bautismo; pero, con la palabra de Dios, sí es Bautismo, es decir, es un agua de vida, llena de gracia, y un lavamiento de la regeneración en el Espíritu Santo, como San Pablo dice a Tito en el tercer capítulo:

"Nos salvó, y no por obras de justicia que nosotros hubiéramos hecho, sino por su misericordia, por el lavamiento de la regeneración y por la renovación en el Espíritu Santo, el cual derramó en nosotros abundantemente por Jesucristo, nuestro Salvador, para que al ser justificados por su gracia viniéramos a ser herederos conforme a la esperanza de la vida eterna. Estas cosas son buenas y útiles para todos" (**Tit 3.5-8**).

Cuarto

¿Qué significa este bautizar con agua?

Significa que el viejo Adán en nosotros debe ser ahogado por pesar y arrepentimiento diarios, y que debe morir con todos sus pecados y malos deseos; asimismo, también cada día debe surgir y resucitar la nueva persona, que ha de vivir eternamente delante de Dios en justicia y pureza.

¿Dónde está escrito esto?

San Pablo dice en Romanos, capítulo seis: "Porque por el bautismo fuimos sepultados con él en su muerte, para que así como Cristo resucitó de los muertos por la gloria del Padre, así también nosotros vivamos una vida nueva" (**Ro 6.4**).

LA CONFESIÓN

Manera como se debe enseñar a la gente sencilla a confesarse

¿Qué es la confesión?

La confesión contiene dos partes. La primera, es la confesión de los pecados, y, la segunda, el recibir la absolución del confesor como de Dios mismo, no dudando de ella en lo más mínimo, sino creyendo firmemente que por ella los pecados son perdonados ante Dios en el cielo.

¿Qué pecados hay que confesar?

Ante Dios uno debe declararse culpable de todos los pecados, aún de aquellos que ignoramos, tal como lo hacemos en el Padrenuestro. Pero, ante el confesor, debemos confesar solamente los pecados que conocemos y sentimos en nuestro corazón.

¿Cuáles son tales pecados?

Considera tu estado basándote en los Diez Mandamientos, seas padre, madre, hijo o hija, señor o señora o servidor, para saber si has sido desobediente, infiel, perezoso, violento, insolente, reñidor; si hiciste un mal a alguno con palabras u obras; si hurtaste, fuiste negligente o derrochador, o causaste algún otro daño.

BREVE FORMA DE CONFESIÓN

[La intención de Lutero con esta forma, fue que sirviera sólo como un ejemplo de confesión privada para los cristianos de su tiempo.]

El penitente dice:
Honorable y estimado señor: le pido que tenga a bien escuchar mi confesión y declarar el perdón de mis pecados por Dios. Yo, pobre pecador, me confieso ante Dios que soy culpable de todos los pecados; especialmente me confieso ante su presencia que siendo sirviente, sirvienta, etc., sirvo lamentablemente en forma infiel a mi amo, pues aquí y allí no he hecho lo que me ha sido encomendado, habiéndolo movido a encolerizarse o a maldecir; he descuidado algunas cosas y he permitido que ocurran daños. He sido también impúdico en palabras y obras; me he irritado con mis semejantes y he murmurado y maldecido contra mi amo, etc. Todo esto lo lamento y solicito su gracia; quiero corregirme.

Un amo o ama debe decir así:
En especial confieso ante su presencia que no eduqué fielmente para gloria de Dios a mi hijo, sirviente, mujer. He maldecido; he dado malos ejemplos con palabras y obras impúdicas; he hecho mal a mi vecino, hablando mal de él, vendiéndole muy caro, dándole mala mercadería y no toda la cantidad que corresponde.

En general, deberá confesarse todo lo que uno ha hecho en contra de los Diez Mandamientos, lo que corresponde según su estado, etc.

Si alguien no se siente cargado de tales o aún mayores pecados, entonces no debe preocuparse o buscar más pecados ni inventarlos, haciendo con ello un martirio de la confesión, sino que debe contar uno o dos, tal como él lo sabe, de esta manera: En especial confieso que he maldecido una vez; del mismo modo, que he sido desconsiderado una vez con palabras, que he descuidado esto, etc. Considera esto como suficiente.

Si no sientes ninguno (lo que no debería ser posible), entonces no debes decir nada en particular, sino recibir el perdón de la confesión general, así como lo haces ante Dios en presencia del confesor.

A ello debe responder el confesor:
Dios sea contigo misericordioso y fortalezca tu fe, Amén.

Dime:
¿Crees tú también que mi perdón sea el perdón de Dios?

Sí, venerable señor.

Entonces dirá:
Así como has creído, de la misma forma acontezca en ti. Y yo, por mandato de nuestro Señor Jesucristo, te perdono tus pecados en el nombre del Padre y del Hijo y del Espíritu Santo. Amén. Ve en paz.

Aquellos que tengan gran carga de conciencia o estén afligidos o atribulados los sabrá consolar e impulsar hacia la fe un confesor con más pasajes bíblicos. Ésta debe ser sólo una manera usual de confesión para la gente sencilla.

¿Qué es el oficio de las llaves?*

El oficio de las llaves es el poder especial que nuestro Señor Jesucristo ha dado a su iglesia en la tierra de perdonar los pecados a los penitentes, y de no perdonar los pecados a los impenitentes mientras no se arrepientan.

¿Dónde está escrito esto?

Así escribe el evangelista San Juan en el capítulo veinte: "Y sopló sobre ellos, y les dijo: —Reciban el Espíritu Santo. A quienes ustedes perdonen los pecados, les quedarán perdonados; y a quienes no se los perdonen, les quedarán sin perdonar." (**Juan 20.22-23**)

¿Qué crees según estas palabras?

Cuando los ministros debidamente llamados de Cristo, por su mandato divino, tratan con nosotros, especialmente cuando excluyen a los pecadores manifiestos e impenitentes de la congregación cristiana, y cuando absuelven a los que se arrepienten de sus pecados y prometen enmendarse, creo que esto es tan válido y cierto, también en el cielo, como si nuestro Señor Jesucristo mismo tratase con nosotros.

EL SACRAMENTO DEL ALTAR

Cómo el jefe de familia debe enseñarlo en forma muy sencilla a los de su casa.

¿Qué es el Sacramento del Altar?

Es el verdadero cuerpo y la verdadera sangre de nuestro Señor Jesucristo bajo el pan y el vino, instituido por Cristo mismo para que los cristianos lo comamos y bebamos.

¿Dónde está escrito esto?

Así escriben los santos evangelistas Mateo, Marcos y Lucas, y también San Pablo: "Nuestro Señor Jesucristo, la noche en que fue entregado, tomó el pan; y habiendo dado gracias, lo partió y dio a sus discípulos, diciendo: Tomen, coman; esto es mi cuerpo que por ustedes es dado. Hagan esto en memoria de mí. Asimismo tomó también la copa, después de haber cenado, y habiendo dado gracias, la dio a ellos, diciendo: Tomen, y beban de ella todos; esta copa es el nuevo pacto en mi sangre, que es derramada por ustedes para remisión de los pecados. Hagan esto, todas las veces que beban, en memoria de mí."

¿Qué beneficios confiere el comer y beber así?

Los beneficios los indican estas palabras: "por ustedes dado" y "por ustedes derramada para perdón de los pecados." O sea, por estas palabras se nos da en el sacramento perdón de pecados, vida y salvación; porque donde hay perdón de pecados, hay también vida y salvación.

* *Aunque no es seguro que Lutero lo escribiera, el oficio de las llaves refleja su enseñanza, y fue incluido en El Catecismo Menor cuando él aún estaba vivo.*

¿Cómo puede el comer y beber corporal hacer una cosa tan grande?
Ciertamente, el comer y beber no es lo que la hace, sino las palabras que están aquí escritas: "Por ustedes dado" y "por ustedes derramada para perdón de los pecados." Estas palabras son, junto con el comer y beber corporal, lo principal en el sacramento. Y el que cree dichas palabras, tiene lo que ellas dicen y expresan; eso es: "el perdón de los pecados."

¿Quién recibe este sacramento dignamente?
El ayunar y prepararse corporalmente es, por cierto, una buena disciplina externo; pero verdaderamente digno y bien preparado es aquél que tiene fe en las palabras: "por ustedes dado" y "por ustedes derramada para perdón de los pecados." Mas el que no cree estas palabras, o duda de ellas, no es digno, ni está preparado; porque las palabras "por ustedes" exigen corazones enteramente creyentes.

ORACIONES DIARIAS

Formas de bendición que el jefe de familia debe enseñar a los de su casa para la mañana y la noche

Oración de la mañana

Por la mañana, apenas hayas abandonado el lecho, te santiguarás y dirás así: En el nombre de Dios Padre, Hijo y Espíritu Santo. Amén.

Entonces, puesto de rodillas o de pie, dirás el Credo y el Padrenuestro. Si quieres, puedes orar brevemente así: Te doy gracias, Padre celestial, por medio de Jesucristo, tu amado Hijo, porque me has protegido durante esta noche de todo mal y peligro, y te ruego que también durante este día me guardes de pecados y de todo mal, para que te agrade todo mi obrar y vivir. En tus manos encomiendo mi cuerpo, mi alma y todo lo que es mío. Tu santo ángel me acompañe, para que el maligno no tenga ningún poder sobre mí. Amén.

Y luego dirígete con gozo a tu labor entonando quizás un himno, por ejemplo acerca de los Diez Mandamientos, o lo que tu corazón te dicte.

Oración de la noche

Por la noche, cuando te retires a descansar, te santiguarás y dirás así: En el nombre de Dios Padre, Hijo y Espíritu Santo. Amén.

Entonces, puesto de rodillas o de pie, dirás el Credo y el Padrenuestro. Si quieres, puedes orar brevemente así: Te doy gracias, Padre celestial, por medio de Jesucristo, tu amado Hijo, porque me has protegido benignamente en este día, y te ruego que me perdones todos los pecados que he cometido, y me guardes benignamente en esta noche. En tus manos encomiendo mi cuerpo, mi alma, y todo lo que es mío. Tu santo ángel me acompañe, para que el maligno no tenga ningún poder sobre mí. Amén.

Luego descansa confiadamente.

CÓMO EL JEFE DE FAMILIA DEBE ENSEÑAR A LOS DE SU CASA A PEDIR UNA BENDICIÓN Y ACCIÓN DE GRACIAS

Pedir una bendición

Tanto los niños como los criados se acercarán a la mesa con las manos juntas y, reverentemente, dirán así:

Todos fijan en ti su mirada y tú les das su comida a su tiempo. Cuando abres tus manos, colmas de bendiciones a todos los seres vivos. (**Sal 145.15-16**)

Luego recitarán el Padrenuestro y esta oración:

Señor Dios, Padre celestial: Bendícenos y bendice estos tus dones, que de tu gran bondad recibimos. Por Jesucristo, nuestro Señor. Amén.

Acción de gracias

Así también, después de haber comido, dirán igualmente con reverencia y con las manos juntas:

¡Alabemos al Señor, porque él es bueno! ¡Su misericordia permanece para siempre! El Señor alimenta a todos los seres vivos. El Señor no se deleita en los caballos briosos, ni se complace en la agilidad de los jinetes; El Señor se complace en los que le honran, y en los que confían en su misericordia. (**Sal 136.1, 25; 147.10-11**)

Entonces recitarán el Padrenuestro, añadiendo la siguiente oración:

Te damos gracias, Señor Dios Padre, por Jesucristo, nuestro Señor, por todos tus beneficios: Tú que vives y reinas por todos los siglos. Amén.

TABLA DE DEBERES

Ciertas porciones de las Sagradas Escrituras, por las cuales el cristiano es amonestado con respecto a su vocación y a sus deberes.

A los obispos, a los pastores y a los predicadores

Es necesario que el obispo sea irreprensible y que tenga una sola esposa; que sea sobrio, prudente, decoroso, hospedador, apto para enseñar; no afecto al vino, ni pendenciero, ni codicioso de ganancias deshonestas, sino amable, apacible, no avaro; que gobierne bien su casa, que tenga a sus hijos en sujeción y con toda honestidad. **1 Timoteo 3.2-4**

[El dirigente] no debe ser un neófito, no sea que se envanezca y caiga en la condenación del diablo. **1 Timoteo 3.6**

[Debe ser] apegado a la palabra fiel, tal y como ha sido enseñada, para que también pueda exhortar con sana enseñanza y convencer a los que contradicen. **Tito 1.9**

Deberes de los cristianos para con sus maestros y pastores

Coman y beban lo que les den, porque el obrero es digno de su salario. **Lucas 10.7**
Así también el Señor ordenó a los que anuncian el evangelio, que vivan del evangelio. **1 Corintios 9.14**
El que recibe enseñanza en la palabra, haga partícipe de toda cosa buena al que lo enseña. No se engañen. Dios no puede ser burlado. **Gálatas 6.6-7**
Los ancianos que gobiernan bien deben considerarse dignos de doble honor, mayormente los que se dedican a predicar y enseñar. Pues la Escritura dice: "No pondrás bozal al buey que trilla", y: "Digno es el obrero de su salario." **1 Timoteo 5.17-18**
Hermanos, les rogamos que sean considerados con los que trabajan entre ustedes, y que los instruyen y dirigen en el Señor. Ténganlos en alta estima y ámenlos por causa de su obra. Y ustedes, vivan en paz. **1 Tesalonicenses 5.12-13**
Obedezcan a sus pastores, y respétenlos. Ellos cuidan de ustedes porque saben que tienen que rendir cuentas a Dios. Así ellos cuidarán de ustedes con alegría, y sin quejarse; de lo contrario, no será provechoso para ustedes. **Hebreos 13.17**

Del gobierno civil

Todos debemos someternos a las autoridades, pues no hay autoridad que no venga de Dios. Las autoridades que hay han sido establecidas por Dios. Por lo tanto, aquel que se opone a la autoridad, en realidad se opone a lo establecido por Dios, y los que se oponen acarrean condenación sobre ellos mismos. Porque los gobernantes no están para infundir temor a los que hacen lo bueno, sino a los que hacen lo malo. ¿Quieres vivir sin miedo a la autoridad? Haz lo bueno, y tendrás su aprobación, pues la autoridad está al servicio de Dios para tu bien. Pero si haces lo malo, entonces sí debes temer, porque no lleva la espada en vano, sino que está al servicio de Dios para darle su merecido al que hace lo malo. **Romanos 13.1-4**

Deberes de los ciudadanos hacia la autoridad

Den al César lo que es del César, y a Dios lo que es de Dios. **Mateo 22.21**
Por lo tanto, es necesario que nos sujetemos a la autoridad, no sólo por causa del castigo, sino también por motivos de conciencia. Por eso mismo ustedes pagan los impuestos, porque los gobernantes están al servicio de Dios y se dedican a gobernar. Paguen a todos lo que deban pagar, ya sea que deban pagar tributo, impuesto, respeto u honra. **Romanos 13.5-7**
Ante todo, exhorto a que se hagan rogativas, oraciones, peticiones y acciones de gracias por todos los hombres; por los reyes y por todos los que ocupan altos puestos, para que vivamos con tranquilidad y reposo, y en toda piedad y honestidad. Porque esto es bueno y agradable delante de Dios nuestro Salvador. **1 Timoteo 2.1-3**

Recuérdales que se sujeten a los gobernantes y a las autoridades; que obedezcan y que estén dispuestos a toda buena obra. **Tito 3.1**
Por causa del Señor, muéstrense respetuosos de toda institución humana, se trate del rey, porque es el que gobierna, o de sus gobernadores, porque el rey los ha enviado para castigar a los malhechores y para elogiar a los que hacen el bien. **1 Pedro 2.13-14**

A los maridos

De la misma manera, ustedes, los esposos, sean comprensivos con ellas en su vida matrimonial. Hónrenlas, pues como mujeres son más delicadas, y además, son coherederas con ustedes del don de la vida. Así las oraciones de ustedes no encontrarán ningún estorbo. **1 Pedro 3.7**
Esposos, amen a sus esposas, y no las traten con dureza. **Colosenses 3.19**

A las esposas

Las casadas, honren a sus propios esposos, como honran al Señor. **Efesios 5.22**
Porque así era la belleza de aquellas santas mujeres que en los tiempos antiguos esperaban en Dios y mostraban respeto por sus esposos. Por ejemplo, Sara obedecía a Abrahán y lo llamaba señor. Y ustedes son sus hijas, si hacen el bien y viven libres de temor. **1 Pedro 3.5–6**

A los padres

Ustedes, los padres, no exasperen a sus hijos, sino edúquenlos en la disciplina y la instrucción del Señor. **Efesios 6.4**

A los hijos

Hijos, obedezcan a sus padres en el nombre del Señor, porque esto es justo. Honra a tu padre y a tu madre, que es el primer mandamiento con promesa; para que te vaya bien, y tengas una larga vida sobre la tierra. **Efesios 6.1-3**

A los trabajadores de toda clase

Ustedes, los siervos, obedezcan a sus amos terrenales con temor y temblor, y con sencillez de corazón, como obedecen a Cristo. No actúen así sólo cuando los estén mirando, como los que quieren agradar a la gente, sino como siervos de Cristo que de corazón hacen la voluntad de Dios. Cuando sirvan, háganlo de buena gana, como quien sirve al Señor y no a los hombres, sabiendo que cada uno de nosotros, sea siervo o libre, recibirá del Señor según lo que haya hecho. **Efesios 6.5-8**

A empleadores y supervisores

Ustedes, los amos, hagan lo mismo con sus siervos. Ya no los amenacen. Como saben, el Señor de ellos y de ustedes está en los cielos, y él no hace acepción de personas. **Efesios 6.9**

A los jóvenes

También ustedes, los jóvenes, muestren respeto ante los ancianos, y todos ustedes, practiquen el mutuo respeto. Revístanse de humildad, porque: "Dios resiste a los soberbios, pero se muestra favorable a los humildes." Por lo tanto, muestren humildad bajo la poderosa mano de Dios, para que él los exalte a su debido tiempo. **1 Pedro 5.5-6**

A las viudas

La viuda que en verdad es viuda, y que se ha quedado sola, espera en Dios y noche y día persevera en súplicas y oraciones; pero la que se entrega a los placeres, está muerta en vida. **1 Timoteo 5.5–6**

A todos los cristianos en general

Los mandamientos: "No adulterarás", "no matarás", "no hurtarás", "no dirás falso testimonio", "no codiciarás", y cualquier otro mandamiento, se resume en esta sentencia: "Amarás a tu prójimo como a ti mismo." **Romanos 13.9**
Ante todo, exhorto a que se hagan rogativas, oraciones, peticiones y acciones de gracias por todos los hombres. **1 Timoteo 2.1**

Lo suyo aprenda cada cual
y en casa nada podrá ir mal.

PREGUNTAS CRISTIANAS CON SUS RESPUESTAS*

Formuladas por el Dr. Martín Lutero para los que intentan comulgar

Después de la confesión e instrucción en los Diez Mandamientos, el Credo, el Padrenuestro, los sacramentos del Santo Bautismo y la Cena del Señor, el confesor preguntará, o uno a sí mismo:

1. **¿Crees que eres pecador?**
   Sí, lo creo; soy pecador.
2. **¿Cómo lo sabes?**
   Sé que soy pecador por los Diez Mandamientos, los cuales no he guardado.
3. **¿Sientes pesar por tus pecados?**
   Sí, siento mucho haber pecado contra Dios.
4. **¿Qué mereciste de Dios por tus pecados?**
   Merecí la ira y el desagrado de Dios, muerte temporal y eterna condenación. Ver Ro 6.21, 23.
5. **¿Esperas ser salvo?**
   Sí, es mi esperanza entrar en la vida eterna.
6. **¿En quién confías para tu salvación?**
   Confío en mi amado Señor Jesucristo.

* *Estas preguntas cristianas, con sus respuestas, aparecieron por primera vez en una edición de El Catecismo Menor en 1551.*

7. **¿Quién es Cristo?**
Cristo es el Hijo de Dios, verdadero Dios y hombre.
8. **¿Cuántos dioses hay?**
Hay un solo Dios; mas hay tres personas: el Padre, el Hijo, y el Espíritu Santo.
9. **¿Qué ha hecho Cristo por ti para que confíes en él?**
Cristo murió por mí, derramando su sangre en la cruz para la remisión de mis pecados.
10. **¿El Padre también murió por ti?**
No; el Padre es Dios solamente, el Espíritu Santo también. Mas el Hijo es verdadero Dios y verdadero hombre: él murió por mí y derramó su sangre por mí.
11. **¿Cómo lo sabes?**
Lo sé por el santo evangelio y por las palabras del sacramento, y por su cuerpo y sangre que se me dan como prenda en la Santa Cena.
12. **¿Cuáles son estas palabras?**
El Señor Jesús, la noche en que fue entregado, tomó pan; y habiendo dado gracias, lo partió y dijo: "Tomen, coman, esto es mi cuerpo que por ustedes es partido. Hagan esto en memoria de mí."
Asimismo tomó también la copa, después de haber cenado, y habiendo dado gracias, les dio, diciendo: "Beban de ella todos, esta copa es el nuevo pacto en mi sangre, que por ustedes es derramada para remisión de los pecados. Hagan esto, todas las veces que beban, en memoria de mí."
13. **¿Crees, pues, que en la Santa Cena está el verdadero cuerpo y sangre de Cristo?**
Sí, lo creo.
14. **¿Qué te hace creerlo?**
Me lo hace creer la palabra de Cristo: Tomen, coman, esto es mi cuerpo; beban de ella todos, esto es mi sangre.
15. **¿Qué debemos hacer cuando comemos su cuerpo y bebemos su sangre, recibiendo así la prenda de la promesa?**
Debemos recordar y anunciar su muerte y el derramamiento de su sangre, así como él nos enseñó: Hagan esto, todas las veces que beban, en memoria de mí.
16. **¿Por qué debemos recordar la muerte de Cristo y anunciarla?**
Debemos aprender a creer que ninguna criatura ha podido expiar nuestros pecados, sino Cristo, verdadero Dios y verdadero hombre; y debemos aprender también a considerar con temor nuestros pecados y conocerlos en verdad como graves, y regocijarnos y consolarnos sólo en él, y por tal fe ser salvos.
17. **¿Qué indujo a Cristo a morir por tus pecados y expiarlos?**
Cristo murió por mí movido por su gran amor para con su Padre, para conmigo y los demás pecadores, como está escrito en Juan 15.13; Romanos 5.8; Gálatas 2.20; Efesios 5.2.

18. **En fin, ¿por qué deseas comulgar?**
En la Santa Cena quiero aprender a creer que Cristo murió por mis pecados, por el gran amor que tiene para conmigo; y quiero aprender también de él a amar a Dios y a mi prójimo.

19. **¿Qué ha de amonestar y animar al cristiano a que comulgue con frecuencia?**
Respecto a Dios, tanto el mandato como la promesa del Señor Jesucristo deben animar al cristiano a comulgar con frecuencia; y con respecto a sí mismo, la miseria que lo aflige debe impulsarlo, debido a lo cual se dan tal mandato, estímulo y promesa.

20. **Pero, ¿qué debe hacer uno, si no siente esa miseria, ni tampoco esa hambre y sed por la Cena del Señor?**
Al tal no se podrá aconsejar mejor que, en primer lugar, ponga su mano en su pecho y palpe si tiene todavía carne y sangre, y crea lo que las Sagradas Escrituras dicen en Gálatas 5.19 y Romanos 7.18.
En segundo lugar, debe mirar en torno de sí, para ver si está aún en el mundo, y debe pensar que no faltarán pecados y miserias, como dicen las Sagradas Escrituras en Juan 15.18; 16.20 y 1 Juan 2.15-16; 5.19.
En tercer lugar, seguramente tendrá también al diablo muy cerca de sí, quien con mentiras y asechanzas de día y noche no lo dejará en paz interior ni exteriormente, como lo describen las Sagradas Escrituras en Juan 8.44; 1 Pedro 5.8-9; Efesios 6.11-12; 2 Timoteo 2.26.

Nota: Estas preguntas y respuestas no son un juego de niños, sino que fueron formuladas con un propósito muy serio por el venerable y piadoso Dr. Martín Lutero para jóvenes y adultos. Que cada uno preste atención y las considere un asunto serio; porque San Pablo escribe a los gálatas en el capítulo seis: “No se engañen. Dios no puede ser burlado.”

UNA EXPLICACIÓN DEL CATECISMO MENOR

Diseñada para ayudar a los estudiantes a entender y aplicar el Catecismo Menor del Lutero, la siguiente explicación, como aquellas encontradas en ediciones anteriores, no fue escrita por el Dr. Lutero. Una sección de explicaciones, sin embargo, ha acompañado ediciones del Catecismo Menor de Lutero desde los primeros días del luteranismo. Esta explicación se ha basado en la obra de Johann Konrad Dietrich (1575-1639); Carl Ferdinand Wilhelm Walter (1811-1887), Heinrich Christian Schwan (1890-1905), y el comité que preparó el catecismo sinodal de 1943.

INTRODUCCIÓN

1. ***¿Qué es el cristianismo?***

El cristianismo es la vida y la salvación que Dios ha dado en y por medio de Jesucristo.

1 **Jn 14.6** Yo soy el camino, y la verdad, y la vida; nadie viene al Padre, sino por mí.

2 **Jn 17.3** Y ésta es la vida eterna: que te conozcan a ti, el único Dios verdadero, y a Jesucristo, a quien has enviado.

3 **Hch 4.12** En ningún otro hay salvación, porque no se ha dado a la humanidad ningún otro nombre bajo el cielo mediante el cual podamos alcanzar la salvación.

4 **Hch 11.26** Fue allí en Antioquía en donde a los discípulos de Jesús se les llamó cristianos por primera vez.

5 **1 Jn 5.11-12** Y éste es el testimonio: que Dios nos ha dado vida eterna, y esta vida está en su Hijo. El que tiene al Hijo, tiene la vida, el que no tiene al Hijo de Dios no tiene la vida.

Nota: Al cristianismo se le llamó primeramente el "Nuevo Camino" (**Hch 9.2; 24.14, 22**).

2. ***¿Dónde se da a conocer la verdad de Dios acerca de nuestro Salvador Jesucristo?***

Esta verdad se da a conocer en la Biblia: el Antiguo Testamento, que promete la llegada del Salvador, y el Nuevo Testamento, que habla del Salvador que ha venido.

6 **Heb 1.1-2** Dios, que muchas veces y de distintas maneras habló en otros tiempos a nuestros padres por medio de los profetas, en estos días finales nos ha hablado por medio del Hijo, a quien constituyó heredero de todo, y mediante el cual hizo el universo.

7 **Lc 24.27** Y partiendo de Moisés, y siguiendo por todos los profetas, comenzó a explicarles todos los pasajes de las Escrituras que hablaban de él.

8 **Jn 20.31** Pero éstas se han escrito para que ustedes crean que Jesús es el Cristo, el Hijo de Dios, y para que al creer, tengan vida en su nombre.

9 **Ef 2.20** [Ustedes] están edificados sobre el fundamento de los apóstoles y profetas, cuya principal piedra angular es Jesucristo mismo.

10 **1 Jn 1.1** Lo que era desde el principio, lo que hemos oído, lo que hemos visto con nuestros ojos, lo que hemos contemplado, y palparon nuestras manos referente al Verbo de vida.

3. *¿Por qué llamamos "Sagrada Escritura" a la Biblia?*

La Biblia es la "Sagrada Escritura" porque Dios el Espíritu Santo dio, a los escritores que él había escogido, los pensamientos que debían expresar y las palabras que debían escribir (inspiración verbal). Por lo tanto, la Biblia es la palabra verdadera de Dios, sin error (inerrancia).

11 **Jn 10.35** La Escritura no puede ser quebrantada.

12 **Mc 8.38** Si en esta generación adúltera y pecadora alguien se avergüenza de mí y de mis palabras, también el Hijo del Hombre se avergonzará de él, cuando venga en la gloria de su Padre con los santos ángeles.

13 **Jn 14.26** El Espíritu Santo, a quien el Padre enviará en mi nombre, los consolará y les enseñará todas las cosas, y les recordará todo lo que yo les he dicho.

14 **Hch 24.14** Sin embargo, una cosa debo confesar, y es que sirvo al Dios de mis padres de acuerdo con el Camino que ellos llaman herejía. Yo creo en todo lo que está escrito en la ley y en los profetas.

15 **2 Ti 3.16-17** Toda la Escritura es inspirada por Dios, y útil para enseñar, para redargüir, para corregir, para instruir en justicia, a fin de que el hombre de Dios sea perfecto, enteramente preparado para toda buena obra.

16 **2 P 1.21** Porque la profecía nunca estuvo bajo el control de la voluntad humana, sino que los santos hombres de Dios hablaron bajo el control del Espíritu Santo.

Nota: Dios hizo escribir el Antiguo Testamento en hebreo y arameo y el Nuevo Testamento en griego. Los errores de los copistas y traductores no son parte del texto inspirado de las Escrituras.

4. *¿Cuál es la clave para el correcto entendimiento de la Biblia?*

Jesucristo, el Salvador del mundo, es el corazón y centro de la Escritura, y por lo tanto la clave de su verdadero significado.

17 **Jn 5.39** Ustedes escudriñan las Escrituras... ¡y son ellas las que dan testimonio de mí!

18 **Hch 10.43** Acerca de él [Jesús] dicen los profetas que todos los que crean en su nombre recibirán el perdón de sus pecados.

19 **Jn 1.18** A Dios nadie lo vio jamás; quien lo ha dado a conocer es el Hijo unigénito, que está en el seno del Padre.

20 **2 Ti 3.15** Desde la niñez has conocido las Sagradas Escrituras, las cuales te pueden hacer sabio para la salvación por la fe que es en Cristo Jesús.

H.B. **Lc 24.13-27** Jesús se revela a sí mismo como el centro de las Escrituras.

5. *¿Cómo debemos usar la razón humana para entender las Sagradas Escrituras?*

A. Las Sagradas Escrituras están escritas en lenguaje humano. Para determinar lo que dicen, necesitamos aplicar las reglas del lenguaje, como la gramática, y de la lógica. Es correcto usar la razón como una herramienta para entender el texto, pero la guía del Espíritu Santo es esencial para entenderla correctamente.

21 **Sal 119.73** Dame la capacidad de comprender tus mandamientos.

22 **Mt 13.19** Cuando alguien oye la palabra del reino, y no la entiende, viene el maligno y le arrebata lo que fue sembrado en su corazón.

23 **Mt 22.37** Amarás al Señor tu Dios con todo tu corazón, y con toda tu alma, y con toda tu mente.

24 **Hch 17.11** Recibieron la palabra con mucha atención, y todos los días examinaban las Escrituras para ver si era cierto lo que se les anunciaba.

B. Como ningún otro libro, las Sagradas Escrituras son la palabra y la verdad de Dios. No se debe cuestionar o negar la veracidad del texto sagrado.

25 **Ro 3.4** Dios actúa siempre conforme a la verdad, aunque todo hombre sea mentiroso; pues la Escritura dice: "Serás tenido por justo en lo que dices, y saldrás vencedor cuando te juzguen."

26 **2 Co 10.5** Llevar cautivo todo pensamiento a la obediencia a Cristo.

27 **Col 2.8** Cuídense de que nadie los engañe mediante filosofías y huecas sutilezas, que siguen tradiciones humanas y principios de este mundo, pero que no van de acuerdo con Cristo.

28 **2 P 3.15-16** Tengan en cuenta que la paciencia de nuestro Señor es para salvación, tal y como nuestro amado hermano Pablo, según la sabiduría que le ha sido dada, les ha escrito en casi todas sus cartas, donde habla de estas cosas, aun cuando entre ellas hay algunas que son difíciles de entender y que los ignorantes e inconstantes tuercen, como hacen también con las otras Escrituras, para su propia perdición.

Nota: Ver **1 Co 1** y **2**

6. *¿Qué distinción básica hay que mantener para poder entender la Biblia?*

En la Biblia debemos distinguir perfectamente entre la ley y el evangelio.

29 **Jn 1.17** La ley fue dada por medio de Moisés, pero la gracia y la verdad vinieron por medio de Jesucristo.

30 **2 Co 3.6** La letra mata, pero el Espíritu vivifica.

7. *¿Qué enseña y obra Dios en la ley?*

En la ley Dios ordena que hagamos buenas obras en pensamientos, palabras y obras, y condena el pecado.

31 **Mc 12.30-31** Amarás al Señor tu Dios con todo tu corazón, y con toda tu alma, y con toda tu mente y con todas tus fuerzas... Amarás a tu prójimo como a ti mismo.

32 **Jn 5.45** Hay alguien que sí los acusa, y es Moisés, en quien ustedes tienen puesta su esperanza.

33 **Ro 3.20** La ley sirve para reconocer el pecado.

8. *¿Qué enseña y obra Dios en el evangelio?*

En el evangelio, las buenas noticias de nuestra salvación en Jesucristo, Dios nos da perdón, fe, vida, y el poder de agradarle con buenas obras.

34 **Jn 3.16** Porque de tal manera amó Dios al mundo, que ha dado a su Hijo unigénito, para que todo aquel que en él cree no se pierda, sino que tenga vida eterna.

35 **Jn 6.63** Las palabras que yo les he hablado son espíritu y son vida.

36 **Ro 1.16** No me avergüenzo del evangelio, porque es poder de Dios para la salvación de todo aquel que cree.

37 **Col 1.5-6** Ustedes ya han sabido de esto por el evangelio, que es la palabra de verdad, y que ha llegado hasta ustedes, así como a todo el mundo, y que desde el día que ustedes la escucharon y la comprendieron claramente, y conocieron la gracia de Dios, crece en ustedes y produce fruto.

9. *¿Cómo resume el Catecismo Menor la doctrina cristiana?*

El Catecismo Menor resume la doctrina cristiana en seis partes principales: los Diez Mandamientos, el Credo, el Padrenuestro, el sacramento del Santo Bautismo, Confesión y Absolución, y el sacramento de la Cena del Señor.

10. *¿Qué es un catecismo?*

Un catecismo es un libro de instrucción, generalmente en forma de preguntas y respuestas.

Nota: Catecúmeno quiere decir: uno que aprende.

11. *¿Quién escribió este Catecismo Menor?*

Martín Lutero, el reformador de la iglesia, en 1529.

12. *¿Por qué las seis partes principales del Catecismo Menor están tomadas sólo de la Biblia?*

Porque, como la palabra escrita de Dios, la Biblia es la única autoridad final para la fe y la vida cristiana.

38 **Mt 15.9** No tiene sentido que me honren, si sus enseñanzas son mandamientos humanos.

39 **Gl 1.8** Pero si aun nosotros, o un ángel del cielo, les anuncia otro evangelio diferente del que les hemos anunciado, quede bajo maldición.

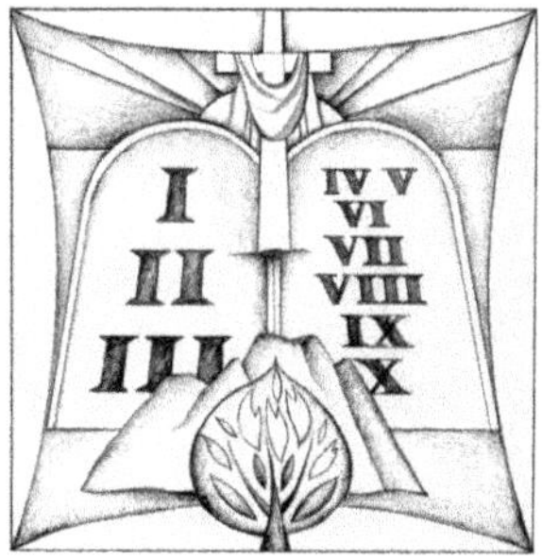

LOS DIEZ MANDAMIENTOS

13. ***¿Qué son los Diez Mandamientos?***
Los Diez Mandamientos son la ley de Dios.
Nota: Dios dio los mandamientos en este orden, pero no los enumeró (Dt 5.6-21; Ex 2.1-17).

14. ***¿Cuándo y cómo dio Dios esta ley?***
Al crear al hombre, Dios le grabó la ley en el corazón, y más tarde la formuló en los Diez Mandamientos, escritos en dos tablas, dándola a conocer por medio de Moisés.

40 **Ro 2.14-15** Porque cuando los paganos, que no tienen ley, hacen por naturaleza lo que la ley demanda, son ley para sí mismos, aunque no tengan la ley; y de esa manera demuestran que llevan la ley escrita en su corazón, pues su propia conciencia da testimonio, y sus propios razonamientos los acusarán o defenderán.

H.B. **Ex 19-20; 31.18** Dios escribió los mandamientos directamente para los israelitas. Hay tres clases de leyes en el Antiguo Testamento: La ley moral la cual indica a todos los pueblos sus deberes hacia Dios y su prójimo; la ley eclesiástica la cual regulaba las prácticas religiosas en el Antiguo Testamento; y la ley civil, que era la ley del estado de los israelitas. Sólo la ley moral fue escrita en el corazón humano.

15. ***¿Cuál es el resumen de los Mandamientos 1-3 (primera tabla)?***
Jesús le respondió: "Amarás al Señor tu Dios con todo tu corazón, y con toda tu alma, y con toda tu mente." (**Mt 22.37**; ver **Dt 6.5**).

16. ***¿Cuál es el resumen de los Mandamientos 1-4 (segunda tabla)?***
Y el segundo es semejante al primero: "Amarás a tu prójimo como a ti mismo." (**Mt 22.39**; ver **Lv 19.18**).

17. ***¿Cuál es el resumen de todos los Mandamientos en una palabra?***
Amor.

41 **Ro 13.10** El amor no hace daño a nadie. De modo que el amor es el cumplimiento de la ley.

18. *¿A quién se dirige Dios en cada uno de los Diez Mandamientos?*

Dios se dirige a mí y a todas las demás personas.

42 **Mt 5.19** De manera que, cualquiera que quebrante uno de estos mandamientos muy pequeños, y así enseñe a los demás, será considerado muy pequeño en el reino de los cielos; pero cualquiera que los practique y los enseñe, será considerado grande en el reino de los cielos.

43 **Ro 3.19** Pero sabemos que todo lo que dice la ley, se lo dice a los que están bajo la ley, para que todos callen y caigan bajo el juicio de Dios.

H.B. **Mateo 5** Jesús explicó el significado de estos mandamientos a toda la gente.

El Primer Mandamiento

[Dios]

No tengas otros dioses aparte de mí.

¿Qué quiere decir esto?

Más que a todas las cosas debemos temer y amar a Dios y confiar en él.

19. *¿Quién es el Dios verdadero?*

El único y verdadero Dios es el Dios trino: Padre, Hijo y Espíritu Santo, tres personas en una esencia divina (la Santísima Trinidad).

44 **Nm 6.24-26** ¡Que el Señor te bendiga, y te cuide! ¡Que el Señor haga resplandecer su rostro sobre ti, y tenga de ti misericordia! ¡Que el Señor alce su rostro sobre ti, y ponga en ti paz!

45 **Dt 6.4** Oye, Israel: el Señor nuestro Dios, el Señor es uno.

46 **Mt 28.19** Por tanto, vayan y hagan discípulos en todas las naciones, y bautícenlos en el nombre del Padre, y del Hijo, y del Espíritu Santo.

47 **1 Co 8.4** Solamente hay un Dios.

48 **2 Co 13.14** Que la gracia del Señor Jesucristo, el amor de Dios, y la comunión del Espíritu Santo sean con todos ustedes. Amén.

H.B.**Mt 3.16-17** En su bautismo Jesús estuvo en el río Jordán, el Padre habló desde el cielo, y el Espíritu de Dios descendió sobre Jesús en forma de paloma.

20. *¿Qué nos prohíbe Dios en el Primer Mandamiento?*

Dios nos prohíbe tener otros dioses (idolatría).

49 **Is 42.8** Yo soy el Señor. Éste es mi nombre, y no daré a otro mi gloria, ni mi alabanza a esculturas.

50 **Mt 4.10** Al Señor tu Dios adorarás, y a él sólo servirás.

51 **1 Co 8.4** Sabemos que un ídolo no tiene valor alguno en este mundo, y que solamente hay un Dios.

52 **1 Jn 5.21** Hijitos, manténganse apartados de los ídolos.

21. *¿Cuándo tiene la gente otros dioses?*

Tiene otros dioses

A. cuando confía y adora a una criatura o cosa como si fuera Dios.

53 **Sal 115.4** Los dioses de ellos son de oro y plata; son producto de la mano del hombre

54 **Fil 3:19** Ellos sólo piensan en lo terrenal. Su dios es el vientre, su orgullo es su vergüenza, y su fin será la perdición.

55 **Ap 9.20** Los que no murieron por estas plagas, ni aun así se arrepintieron de su maldad, ni dejaron de adorar a los demonios ni a las imágenes de oro, plata, bronce, piedra y madera, las cuales no pueden ver ni oír ni caminar.

H.B. **Ex 32** Israel adoró el becerro de oro. **1 R 18.18-29** La gente adoró a Baal. **Jue 16.23-24** Los filisteos nombraron a Dagón como su dios.

B. cuando cree en un dios que no es el Dios trino (ver el Credo Apostólico).

56 **Mt 28.19** Por tanto, vayan y hagan discípulos en todas las naciones, y bautícenlos en el nombre del Padre, y del Hijo, y del Espíritu Santo.

57 **Jn 5.23** El que no honra al Hijo, no honra al Padre que lo envió.

H.B. **Mt 3.13-17** El bautismo de Jesús.

C. cuando ama y confía más en una persona o cosa como sólo debería temer, amar, y confiar en Dios.

58 **Sal 14.1** Dentro de sí dicen los necios: "Dios no existe." Corrompidos están. Sus hechos son repugnantes. No hay nadie que haga el bien.

59 **Pr 11.28** El que confía en sus riquezas, fracasa.

60 **Pr 3.5** Confía en el Señor de todo corazón, y no te apoyes en tu propia prudencia.

61 **Mt 10.28** No teman a los que matan el cuerpo, pero no pueden matar el alma. Más bien, teman a aquel que puede destruir alma y cuerpo en el infierno.

62 **Mt 10.37** El que ama a su padre o a su madre más que a mí, no es digno de mí. El que ama a su hijo o hija más que a mí, no es digno de mí.

63 **Ef 5.5** Ustedes bien saben que ninguno que sea libertino, inmundo, o avaro (es decir, ningún idólatra), tendrá parte en el reino de Cristo y de Dios.

H.B. **Lc 16.19** El hombre rico pensó más en el lujo del vestido y en la extravagancia de la comida que en Dios. **Gn 11.1-9** La gente que estaba construyendo la Torre de Babel consideró su logro más importante que Dios. **1S 17** Goliat confió más en su talla y fuerza física. **1S 2.12-34** Elí honró a sus hijos más que a Dios. **Mt 26.69-75** Pedro tuvo más miedo al castigo que amor Dios.

D. cuando participan en la adoración de alguien que no es el Dios trino.

64 **2 Co 6.14-15** No se unan con los incrédulos en un yugo desigual. Pues ¿qué tiene en común la justicia con la injusticia? ¿O qué relación puede haber entre la luz y las tinieblas? ¿Y qué concordia tiene Cristo con Belial? ¿O qué tiene en común el creyente con el incrédulo?

22. ***¿Qué nos ordena Dios en el Primer Mandamiento?***

Más que a todas las cosas debemos temer y amar a Dios y confiar en él.

A. Tememos a Dios cuando lo adoramos y exaltamos su nombre por encima de todas las cosas, lo honramos con nuestras vidas y evitamos de todo aquello que le disgusta.

65 **Gn 17.1** Yo soy el Dios Todopoderoso. Anda siempre delante de mí y sé perfecto.
66 **Sal 33.8** ¡Que toda la tierra tema al Señor! ¡Que le teman todos los habitantes del mundo!
67 **Sal 96.4** El Señor es grande, y digno de alabanza; ¡es temible, más que todos los dioses!
68 **Pr 8.13** El temor del Señor es aborrecer el mal.
69 **Mt 10.28** No teman a los que matan el cuerpo, pero no pueden matar el alma. Más bien, teman a aquel que puede destruir alma y cuerpo en el infierno.

H.B. **Dn 3** Los tres hombres en el fuego temieron a Dios más que al rey.

B. Amamos a Dios por sobre todas las cosas cuando nos adherimos solamente a él como a nuestro Dios y con alegría dedicamos nuestras vidas a su servicio.

70 **Sal 73.25-26** ¿A quién tengo en los cielos? ¡Sólo a ti! ¡Sin ti, no quiero nada aquí en la tierra! Aunque mi cuerpo y mi corazón desfallecen, tú, Dios mío, eres la roca de mi corazón, ¡eres la herencia que para siempre me ha tocado!
71 **Mt 22.37** Jesús le respondió: "Amarás al Señor tu Dios con todo tu corazón, y con toda tu alma, y con toda tu mente."

H.B. **Gn 22** Abrahán amó más a Dios que a su hijo. **Gn 39** José resistió la tentación de la esposa del Potifar.

C. Confiamos en el Señor por sobre todas las cosas cuando encomendamos nuestras vidas totalmente a su cuidado y dependemos de él para ayuda en toda necesidad.

72 **Sal 118.8** Es mejor confiar en el Señor que confiar en simples mortales.
73 **Pr 3.5** Confía en el Señor de todo corazón, y no te apoyes en tu propia prudencia.

H.B. **1 S 17.37, 46-47** David confió en el Señor cuando peleó contra Goliat. **Gn 12.1-9** Abrahán dejó su país y su familia para irse donde el Señor le había indicado, confiando que Dios cuidaría de él. **Dn 6** Daniel se encomendó al cuidado de Dios.

23. *¿Quién puede cumplir éste y todos los otros mandamientos?*

Ninguna persona puede cumplir los mandamientos perfectamente. Sólo Jesús pudo hacerlo. Todos los que, por el poder del Espíritu Santo, tienen fe en él, se esfuerzan en cumplir estos mandamientos.

74 **Ec 7.20** No hay en la tierra nadie tan justo que siempre haga el bien y nunca peque.
75 **1 Jn 1.8** Si decimos que no tenemos pecado, nos engañamos a nosotros mismos, y la verdad no está en nosotros.
76 **Jn 14.15** Si me aman, obedezcan mis mandamientos.
77 **Fil 2.13** Dios es el que produce en ustedes lo mismo el querer como el hacer, por su buena voluntad.

El Segundo Mandamiento

[El nombre de Dios]

No hagas mal uso del nombre del Señor tu Dios.

¿Qué quiere decir esto?

Debemos temer y amar a Dios de modo que no usemos su nombre para maldecir, jurar, hechizar, mentir o engañar, sino que lo invoquemos en todas las necesidades, lo adoremos, alabemos y le demos gracias.

24. *¿Por qué decimos en éste y en los mandamientos que siguen que debemos temer y amar a Dios?*

Porque del temor y amor a Dios debe emanar el cumplimiento de todos los demás mandamientos.

78 **Sal 111.10** El principio de la sabiduría es el temor al Señor. Quienes practican esto adquieren entendimiento y alaban al Señor toda su vida.

79 **Jn 14.23** El que me ama, obedecerá mi palabra.

H.B. **Jn 21.15-17** Jesús le preguntó a Pedro si lo amaba, luego le dio el mandato de apacentar sus ovejas.

25. *¿Qué es el nombre de Dios?*

El nombre de Dios es Dios mismo, su esencia y sus atributos, así como él se nos ha manifestado.

80 **Ex 3.14** Dios le respondió a Moisés: "YO SOY EL QUE SOY." Y añadió: "A los hijos de Israel tú les dirás: "YO SOY me ha enviado a ustedes."

81 **Is 9.6** Porque un niño nos ha nacido, ¡un hijo nos ha sido concedido! Sobre sus hombros llevará el principado, y su nombre será "Consejero admirable", "Dios fuerte", "Padre Eterno" y "Príncipe de paz".

82 **Jer 23.6** Y ese rey será conocido por este nombre: "El Señor es nuestra justicia."

83 **Mt 1.21** María tendrá un hijo, a quien pondrás por nombre JESÚS, porque él salvará a su pueblo de sus pecados.

84 **Mt 18.20** Donde dos o tres se reúnen en mi nombre, allí estoy yo, en medio de ellos.

85 **Mt 28.19** Por tanto, vayan y hagan discípulos en todas las naciones, y bautícenlos en el nombre del Padre, y del Hijo, y del Espíritu Santo.

86 **Jn 1.1** En el principio ya existía la Palabra. La Palabra estaba con Dios, y Dios mismo era la Palabra.

H.B. **Ex 3.12-15** Dios reveló su nombre a Moisés.

26. *¿Qué nos prohíbe Dios en el Segundo Mandamiento?*

En el segundo mandamiento Dios nos prohíbe usar su nombre incorrectamente.

87 **Ex 20.7** Yo, el Señor, no consideraré inocente al que tome en vano mi nombre.

27. *¿Cómo es usado en forma incorrecta el nombre de Dios?*

El nombre de Dios es usado en forma incorrecta cuando:

A. Lo usamos de manera innecesaria y descuidada (ver **Ex 20.7**).

B. Maldecimos, juramos, hechizamos, mentimos o engañamos en su nombre.

28. ***¿Qué es maldecir en el nombre de Dios?***

Maldecir en el nombre de Dios es blasfemar a Dios, hablando mal de él o burlándose de él.

88 **Lv 24.15** El que maldiga a su Dios tendrá que cargar con su pecado.

H.B. **Mt 27.39-43** La gente se burló de Jesús cuando estaba colgado en la cruz. **2 R 18.28-35; 19.21-22** El jefe del ejército asirio blasfemó contra el Dios de Israel. **Jn 8.48-59** Algunos judíos acusaron a Jesús de estar poseído por un demonio.

B. Invocar sobre uno mismo o sobre otra persona o cosa la ira y el castigo de Dios.

89 **Stg 3.9-10** Con la lengua bendecimos al Dios y Padre, y con ella maldecimos a los seres humanos, que han sido creados a imagen de Dios. De la misma boca salen bendiciones y maldiciones. Hermanos míos, ¡esto no puede seguir así!

H.B. H.B. **Mt 27.25** La gente se maldijo a sí misma y a sus hijos durante el juicio de Jesús. **Mt 26.74** Pedro maldijo. **Lc 9.51-55** Santiago y Juan le preguntaron a Jesús si ellos podían pedirle a Dios la destrucción de una población samaritana.

29. ***¿Qué es jurar en el nombre de Dios?***

Jurar en el nombre de Dios es invocar a Dios como testigo de verdades y vengador de falsedades.

30. ***¿Qué manera de juramento permite y hasta ordena Dios?***

Dios permite todo juramento, y hasta lo exige, si fuera necesario, para la gloria de Dios o el bienestar de nuestro prójimo.

Por ejemplo: dar testimonio en la corte, un juramento de oficio, votos de matrimonio.

90 **Ro 13.1** Todos debemos someternos a las autoridades.

91 **Nm 30.2** Cuando alguien haga un voto al Señor, o haga un juramento que lo comprometa, no deberá faltar a su palabra, sino que hará todo lo que se haya comprometido a hacer.

92 **Dt 6.13** Al Señor tu Dios temerás, y sólo a él servirás, y por su nombre jurarás.

93 **Heb 6.16** Cuando alguien jura, lo hace por alguien superior a sí mismo. De esa manera confirma lo que ha dicho y pone fin a toda discusión.

H.B. **Mt 26.63-64** Jesús jura ser el Cristo, el Hijo de Dios. **Gn 24.3** Abrahán puso a su criado bajo juramento.

31. ***¿Qué clase de juramento prohíbe Dios?***

Dios prohíbe todo juramento falso, blasfemo y frívolo, como también el jurar en cosas inciertas o sin importancia.

94 **Lv 19.12** No juren falsamente en mi nombre, ni profanen así mi nombre. Yo soy el Señor, su Dios.

95 **Mt 5.33-37** Ustedes han oído también que se dijo a los antiguos: "No perjurarás, sino que cumplirás tus juramentos al Señor." Pero yo les digo:

No juren en ninguna manera; ni por el cielo, porque es el trono de Dios, ni por la tierra, porque es el estrado de sus pies, ni por Jerusalén, porque es la ciudad del gran Rey. No jurarás ni por tu cabeza, porque no puedes hacer blanco o negro un solo cabello tuyo. Cuando ustedes digan algo, que sea "sí, sí", o "no, no"; porque lo que es más de esto, proviene del mal.

H.B. **Mt 26.72** Pedro jura falsa y blasfemamente.**Hch 23.12** Algunos judíos se juramentaron a matar.**Mt 14.6-9** Herodes juró frívolamente y en una cosa incierta.**Jue 11.30-40** Jefté juró vanamente.

32. ***¿Qué es hechizar en el nombre de Dios?***

A. Hechizar en el nombre de Dios es usar el nombre de Dios para ejecutar o pretender ejecutar, con la ayuda del diablo, cosas sobrenaturales, tales como los encantamientos, la magia, el sortilegio, las consultas a los muertos y similares artes satánicas.

96 **Dt 18.10-12** Que no haya en ti nadie que haga pasar a su hijo o a su hija por el fuego, ni nadie que practique la adivinación, ni sea agorero, ni sortílego, ni hechicero, ni encantador, ni adivino, ni mago, ni nadie que consulte a los muertos. Al Señor le repugnan todos los que hacen estas cosas, y precisamente por estos actos repugnantes el Señor tu Dios va a expulsar de tu presencia a estas naciones.Que nadie de ustedes ofrezca en sacrificio a su hijo haciéndolo pasar por el fuego, ni practique la adivinación, ni pretenda predecir el futuro, ni se dedique a la hechicería, ni a los encantamientos, ni consulte a los adivinos y a los que invocan a los espíritus, ni consulte a los muertos. Porque al Señor le repugnan los que hacen estas cosas. Y si el Señor su Dios arroja de la presencia de ustedes a estas naciones, es precisamente porque tienen esas horribles costumbres.

H.B. **Ex 7 y 8** Los magos egipcios hicieron cosas sobrenaturales con sus encantamientos. **Hch 19.13-29** Los hijos de Esceva usaron el nombre de Jesús para expulsar demonios, pero no tuvieron fe.

B. Buscar la ayuda de personas o pertenecer a algún grupo u organización que practique la hechicería o la adoración a Satanás.

97 **Lv 19.31** No recurran a los encantadores ni a los adivinos. No los consulten ni se contaminen con ellos. Yo soy el Señor su Dios.

H.B.**1 S 28** El rey Saúl buscó la ayuda de la adivina de Endor.

C. Depender de horóscopos o cosas similares para conocer el futuro.

98 **Ec 7.14** Cuando te llegue un buen día, disfruta de él; y cuando te llegue un mal día, piensa que Dios es el autor de uno y de otro, y que los mortales nunca sabremos lo que vendrá después.

33. ***¿Qué es mentir o engañar en el nombre de Dios?***

Mentir o engañar en el nombre de Dios es

A. enseñar falsa doctrina y decir que es palabra o revelación de Dios.

99 **Dt 12.32** Ten cuidado de hacer todo lo que yo te mando que hagas. No le añadas nada, ni le quites.

100 Jer 23.31 Yo estoy en contra de los profetas que hablan con dulzura, y luego afirman que yo he hablado.

101 Mt 15.9 No tiene sentido que me honren, si sus enseñanzas son mandamientos humanos.

H.B. **1 R 13.11-30** La mentira de un falso profeta causó el engaño y la muerte de un profeta de Dios.

B. también es encubrir un corazón incrédulo y una vida impía y pretender que uno es cristiano.

102 Mt 7.21 No todo el que me dice: "Señor, Señor", entrará en el reino de los cielos, sino el que hace la voluntad de mi Padre que está en los cielos.

103 Mt 15.8 Este pueblo me honra con los labios, Pero su corazón está lejos de mí.

H.B. **Mt 23.13-33** Muchos fariseos y escribas eran hipócritas. **Hch 5.1-11** Ananías y Safira escondieron su falta de fe bajo supuestas obras de caridad.

34. *¿Qué nos ordena Dios en el Segundo Mandamiento?*

Dios ordena invocar su nombre en todas las necesidades, orar, alabar y darle gracias.

104 Sal 50.15 Invócame en el día de la angustia; yo te libraré, y tú me honrarás.

105 Sal 103.1 ¡Bendice, alma mía, al Señor! ¡Bendiga todo mi ser su santo nombre!

106 Sal 118.1 ¡Alabemos al Señor, porque él es bueno; porque su misericordia permanece para siempre!

107 Jn 16.23 Todo lo que pidan al Padre, en mi nombre, él se lo concederá.

108 Ef 5.20 Den siempre gracias por todo al Dios y Padre, en el nombre de nuestro Señor Jesucristo.

H.B. **Lc 17.11-13** Los 10 leprosos llamaron a Jesús en su angustia. **Lc 17.15-16** Un extraño le dio gracias a Jesús y glorificó a Dios por haber sido sanado. **1 S 1 y 2** Ana invocó a Dios y le dio gracias por haberle dado un hijo. (Magnificat, **Lc 1.46-55** La canción de María. Benedictus, **Lc 1.68-79** La canción de Zacarías).

El Tercer Mandamiento

[La palabra de Dios]

Acuérdate del día de reposo, para consagrarlo al Señor.

¿Qué quiere decir esto?

Debemos temer y amar a Dios de modo que no despreciemos la predicación y su palabra, sino que la consideremos santa, la oigamos y aprendamos con gusto.

35. *¿Qué es el día sábado?*

En el Antiguo Testamento, Dios apartó el séptimo día (sábado) como un día obligatorio para descanso y adoración. (*Sabbath* significa "descanso").

109 Ex 35.2 Seis días se trabajará, pero el día séptimo será para ustedes un día santo de reposo en honor del Señor.

110 **Lv 23.3** Seis días trabajarán, pero el séptimo día será de reposo y de convocación santa.

36. *¿Exige este mandamiento que guardemos el sábado y las fiestas, como los guardaba el pueblo de Dios en el Antiguo Testamento?*

El sábado era una señal que apuntaba a Jesús, quien es nuestro descanso. Como Jesús ha venido como nuestro Salvador y Señor, Dios no requiere más que observemos el día sábado y otros días festivos del Antiguo Testamento.

111 **Mt 11.28** Vengan a mí todos ustedes, los agotados de tanto trabajar, que yo los haré descansar.

112 **Mt 12.8** el Hijo del Hombre es Señor del día de reposo.

113 **Col 2.16-17** No permitan, pues, que nadie los juzgue por lo que comen o beben, o en relación con los días de fiesta, la luna nueva o los días de reposo. Todo esto no es más que una sombra de lo que está por venir; pero lo real y verdadero es Cristo.

114 **Heb 4.9-10** De modo que aún queda un reposo para el pueblo de Dios. 10 Porque el que entra en su reposo, reposa también de sus obras, como Dios reposó de las suyas.

37. *¿Requiere Dios que la iglesia se reúna en días específicos?*

A. Dios requiere que los cristianos se reúnan juntos para adorar.

115 **Hch 2.42, 46** Se mantenían fieles a las enseñanzas de los apóstoles y en el mutuo compañerismo, en el partimiento del pan y en las oraciones. Todos los días se reunían en el templo, y partían el pan en las casas, y comían juntos con alegría y sencillez de corazón.

116 **Heb 10.25** No dejemos de congregarnos, como es la costumbre de algunos, sino animémonos unos a otros; y con más razón ahora que vemos que aquel día se acerca.

B. Él no ha especificado ningún día en particular.

117 **Ro 14.5-6** Algunos creen que ciertos días son más importantes que otros. Otros consideran que todos los días son iguales. Cada uno está plenamente convencido de su propio pensamiento. El que da importancia a ciertos días, lo hace para el Señor; y el que no les da importancia, también lo hace para el Señor.

118 **Gl 4.10-11** Ustedes guardan los días, los meses, los tiempos y los años. ¡Me temo que, con ustedes, yo he trabajado en vano!

C. La iglesia se reúne especialmente en el día domingo porque el Señor resucitó de los muertos en ese día.

119 **Lc 24.1-2** El primer día de la semana, muy temprano, las mujeres regresaron al sepulcro. Llevaban las especias aromáticas que habían preparado. 2 Como se encontraron con que la piedra del sepulcro había sido quitada.

120 **Hch 20.7** El primer día de la semana los discípulos se reunieron para partir el pan, y Pablo estuvo enseñándoles. Pero como tenía que salir al día siguiente, alargó su discurso hasta la medianoche.

H.B. **Jn 20.19-31** Jesús se apareció a sus discípulos.

38. ***¿Cuándo pecamos contra del Tercer Mandamiento?***
Pecamos contra el Tercer Mandamiento cuando despreciamos la predicación y la palabra de Dios.

39. ***¿Cómo se hace esto?***
Despreciamos la predicación y la palabra de Dios cuando

A. No asistimos al culto público.
B. Dejamos de usar la palabra de Dios y los sacramentos.
C. O cuando lo hacemos irregular o descuidadamente.

121 **Jn 8.47** El que es de Dios, escucha las palabras de Dios; pero ustedes no las escuchan, porque no son de Dios.

122 **Lc 10.16** El que los escucha a ustedes, me escucha a mí. El que los rechaza a ustedes, me rechaza a mí; y el que me rechaza a mí, rechaza al que me envió.

H.B. **Lc 7.30** Los escribas y fariseos no se dejaron bautizar. **1 S 15.10-23** Saúl rechazó la palabra de Dios.

40. ***¿Qué nos ordena Dios en el Tercer Mandamiento?***

A. Dios ordena considerar santa la predicación y su palabra.

123 **Is 66.2** Yo pongo la mirada en los pobres y humildes de espíritu, y en los que tiemblan al escuchar mi palabra.

124 **1 Ts 2.13** Por eso también nosotros siempre damos gracias a Dios de que, cuando ustedes recibieron la palabra de Dios que nosotros les predicamos, no la recibieron como mera palabra humana sino como lo que es, como la palabra de Dios, la cual actúa en ustedes los creyentes.

B. Debemos oírla, aprenderla y meditar en ella de buena voluntad.

125 **Jos 1.8** Procura que nunca se aparte de tus labios este libro de la ley. Medita en él de día y de noche, para que actúes de acuerdo con todo lo que está escrito en él.

126 **Sal 26.8** Señor, yo amo la casa en que resides, la mansión donde se posa tu gloria.

127 **Lc 11.28** Más bien, dichosos los que escuchan la palabra de Dios, y la obedecen.

128 **Hch 2.42** Se mantenían fieles a las enseñanzas de los apóstoles y en el mutuo compañerismo, en el partimiento del pan y en las oraciones.

129 **Col 3.16** La palabra de Cristo habite ricamente en ustedes. Instrúyanse y exhórtense unos a otros con toda sabiduría; canten al Señor salmos, himnos y cánticos espirituales, con gratitud de corazón.

H.B. **Lc 2.41-52** Jesús con alegría escuchó y aprendió la palabra de Dios. **Lc 10.39** María se sentó a los pies de Jesús y aprendió su Palabra. **Lc 2.19** María meditó y guardó la palabra de Dios en su corazón. **Hch 17.11** Los judíos de Berea escudriñaron la Palabra diariamente.

C. Debemos honrar y apoyar la predicación y la enseñanza de la palabra de Dios.

130 **Gl 6.6-7** El que recibe enseñanza en la palabra, haga partícipe de toda cosa buena al que lo enseña. No se engañen. Dios no puede ser burlado. Todo lo que el hombre siembre, eso también cosechará.

H.B. **Mc 12.41-44** La viuda pobre dio dinero para el mantenimiento del templo y para apoyar a los sacerdotes.

Nota: Ver también "A los obispos, pastores y predicadores" en la Tabla de Deberes.

D. Debemos propagar diligentemente la palabra de Dios.

131 **Mc 16.15** Y les dijo: "Vayan por todo el mundo y prediquen el evangelio a toda criatura."

41. ***¿Qué nos muestran acerca de nosotros los primeros tres mandamientos (la primera tabla)?***

Que hemos pecado y merecemos la condenación de Dios.

132 **Ro 3.23** Todos pecaron y están destituidos de la gloria de Dios.

42. ***¿Quién es el único que ha guardado la ley de Dios perfectamente?***

Solamente Jesucristo, el Dios-hombre.

133 **Jn 8.46** ¿Quién de ustedes puede acusarme de haber pecado?

134 **Heb 4.15** Porque no tenemos un sumo sacerdote que no pueda compadecerse de nuestras debilidades, sino uno que fue tentado en todo de la misma manera que nosotros, aunque sin pecado.

43. ***Cristo ha guardado perfectamente la ley, ¿cómo nos ayuda esto?***

Cristo fue nuestro substituto ante Dios; el guardar perfectamente la ley ha sido parte de su trabajo de redención para nosotros y solamente por él somos considerados justos delante de Dios.

135 **Gl 4.4-5** Pero cuando se cumplió el tiempo señalado, Dios envió a su Hijo, que nació de una mujer y sujeto a la ley, para que redimiera a los que estaban sujetos a la ley, a fin de que recibiéramos la adopción de hijos.

44. ***¿Aparte de mostrarnos que somos pecadores, qué más hace la ley por nosotros?***

En los diez mandamientos Dios nos muestra cuál es su voluntad. Los cristianos por el poder del Espíritu Santo tienen un ávido deseo de hacer la voluntad de Dios.

136 **1 Ts 4.3** La voluntad de Dios es que ustedes sean santificados.

45. ***¿Cuál es el resumen de los mandamientos 4-10 (Segunda Tabla)?***

Amarás a tu prójimo como a ti mismo (**Mt 22.39**)

46. ***¿Quién es nuestro prójimo?***

Toda la gente es nuestro prójimo.

137 **Gl 6.10** Así que, según tengamos oportunidad, hagamos bien a todos, y mayormente a los de la familia de la fe.

138 **Mt 5.44** Amen a sus enemigos... oren por quienes los persiguen.

H.B. **Lc 10.25-37** El buen samaritano mostró misericordia a su prójimo.

47. ***¿Cómo debemos amar a nuestro prójimo?***

Debemos amar a nuestro prójimo como a nosotros mismos y mostrar este amor guardando los mandamientos de la Segunda Tabla.

139 **Mt 7.12** Así que, todo lo que quieran que la gente haga con ustedes, eso mismo hagan ustedes con ellos, porque en esto se resumen la ley y los profetas.

El Cuarto Mandamiento

[Los representantes de Dios]

Honra a tu padre y a tu madre.

¿Qué quiere decir esto?

Debemos temer y amar a Dios de modo que no despreciemos ni irritemos a nuestros padres y superiores, sino que los honremos, les sirvamos, obedezcamos, los amemos y tengamos en alta estima.

48. *¿Quiénes son nuestros padres y superiores?*

Padres, son nuestro padre, madre, y guardianes; superiores son todos aquellos que por ordenanza divina tienen autoridad sobre nosotros en el hogar, gobierno, escuela, trabajo e iglesia.

Nota: Con respecto a la autoridad espiritual, ver en la Tabla de Deberes, "A los obispos, a los pastores y a los predicadores" y también "El oficio de las llaves" bajo La Confesión.

49. *¿Qué nos prohíbe Dios en el Cuarto Mandamiento?*

Dios nos prohíbe despreciar o irritar a nuestros padres y superiores. Los despreciamos cuando no respetamos su dignidad y voluntad, y los irritamos cuando los hacemos enojar por desobediencia o cualquiera otra maldad.

140 **Pr 23.22** Escucha al padre que te dio la vida, y no menosprecies a tu anciana madre.

141 **Ro 13.2** Por lo tanto, aquel que se opone a la autoridad, en realidad se opone a lo establecido por Dios, y los que se oponen acarrean condenación sobre ellos mismos.

Nota: Ver "A los trabajadores de toda clase" en la Tabla de Deberes.

H.B. **1 S 2.12, 23, 25** Los hijos de Elí afligieron a su padre por su conducta. **2 S 15** Absalón se rebeló contra su padre y rey.

50. *¿Qué nos ordena Dios en el Cuarto Mandamiento?*

Dios nos ordena:

A. que honremos a nuestros padres y superiores al considerarlos como representantes de Dios;

142 **Ef 6.2-3** "Honra a tu padre y a tu madre, que es el primer mandamiento con promesa; para que te vaya bien, y tengas una larga vida sobre la tierra."

Nota: Ver "A los padres" y "A los hijos" en la Tabla de Deberes.

H.B. **Gn 46.29** José honró a su padre. **1 R 2.19** El rey Salomón honró a su madre. **2 R 2.12** Eliseo honró a su maestro.

B. que les sirvamos espontáneamente haciendo por ellos lo que podemos;

143 **1 Ti 5.4** Pero si alguna viuda tiene hijos, o nietos, éstos deben aprender primero a ser piadosos para con su propia familia, y a recompensar a sus padres; porque ante Dios esto es bueno y agradable.

144 **Ro 13.7** Paguen a todos lo que deban pagar, ya sea que deban pagar tributo, impuesto, respeto u honra.

H.B. **Gn 47.11-12** José ayudó a su padre. **Jn 19.26** Jesús proveyó para su madre.

C. que les obedezcamos cumpliendo con su voluntad en todo lo que Dios les ha dado autoridad sobre nosotros;

145 **Col 3.20** Ustedes los hijos, obedezcan a sus padres en todo, porque esto agrada al Señor.

146 **Tit 3.1** Recuérdales que se sujeten a los gobernantes y a las autoridades; que obedezcan y que estén dispuestos a toda buena obra.

147 **Hch 5.29** Es necesario obedecer a Dios antes que a los hombres.

Nota: Ver “A los trabajadores de toda clase”, “A los empleados y supervisores” y “A todos los cristianos en general” en la Tabla de Deberes.

H.B. **Lc 2.51** Jesús fue sujeto a María y José. **1 S 20.31-33** Jonatán desobedeció a su padre para poder salvar la vida de David y así obedeció al Señor antes que a los hombres.

D. que los estimemos en gran manera considerándolos como un don precioso de Dios.

148 **Pr 23.22** Escucha al padre que te dio la vida, y no menosprecies a tu anciana madre.

H.B. **Rut** Rut amó y apreció a su suegra Noemí.

E. que debemos mostrar respeto a los ancianos.

149 **Lv 19.32** Levántate delante de las canas. Muestra respeto ante los ancianos.

51. ***¿Cuál es la promesa que va con este mandamiento?***

...para que te vaya bien, y tengas una larga vida sobre la tierra. **Ef 6.3**

El Quinto Mandamiento

[La vida es un don de Dios]

No mates.

¿Qué quiere decir esto?

Debemos temer y amar a Dios de modo que no hagamos daño o mal material alguno a nuestro prójimo en su cuerpo, sino que le ayudemos y hagamos prosperar en todas las necesidades de su vida.

52. ***¿Qué nos prohíbe Dios en el Quinto Mandamiento?***

A. Dios nos prohíbe quitar la vida de otra persona (asesinato, aborto, eutanasia) o quitar nuestra propia vida (suicidio).

150 **Gn 9.6** La sangre del que derrame sangre humana será derramada por otro hombre, porque el hombre ha sido hecho a imagen de Dios.

151 **Mt 26.52** Quien esgrime la espada, muere por la espada.

H.B. **Gn 4.8** Caín mató a su hermano Abel. **2 S 11.15** David mandó matar a Urías.**Ex 21.29 y Dt 22.8** Se puede matar a alguien por accidente (sin intención). **Mt 27.5** Judas cometió suicidio.

EL ABORTO

Los seres vivientes que aún no han nacido son personas ante Dios desde el momento de la concepción. Ya que el aborto mata una vida humana, no es una opción moral, excepto para prevenir la muerte de otra persona, la madre.

152 **Jer 1.5** Antes de que yo te formara en el vientre, te conocí. Antes de que nacieras, te santifiqué y te presenté ante las naciones como mi profeta.

153 **Sal 139.16** Con tus propios ojos viste mi embrión; todos los días de mi vida ya estaban en tu libro; antes de que me formaras, los anotaste, y no faltó uno solo de ellos.

H.B. **Lc 1.41-44** Juan el Bautista saltó de alegría cuando aún se encontraba en el vientre de su madre. Al hacer esto, Juan el Bautista y su madre Elizabeth, llenos del Espíritu Santo reconocieron a Jesús (que aún no había nacido) como Señor.

LA EUTANASIA

Los ancianos, las personas retardadas o con otras incapacidades, son seres humanos de mucho valor ante Dios. Dios les dio la vida y solo él puede terminarla.

154 **Pr 6.16-17** Hay seis, y hasta siete cosas que el Señor detesta con toda el alma: Los ojos altivos, la lengua mentirosa, las manos que derraman sangre inocente.

155 **Pr 31.8** Habla en lugar de los que no pueden hablar; ¡defiende a todos los desvalidos!

156 **Hch 17.25** él es quien da vida y aliento a todos y a todo.

EL SUICIDIO

Mi propia vida es un don de Dios, y solo él debe terminarla.

157 **Jer 31.3** Hace ya mucho tiempo, el Señor se hizo presente y me dijo: "Yo te amo con amor eterno. Por eso te he prolongado mi misericordia."

158 **Lc 12.22** Después, Jesús dijo a sus discípulos: "Por eso les digo que no se preocupen por su vida ni por lo que han de comer, ni por su cuerpo ni por lo que han de vestir."

B. Dios nos prohíbe hacer daño o mal alguno a nuestro prójimo en su cuerpo, esto es, hacer o decir cosa alguna por la cual se destruya, acorte o amargue su vida;

159 **Dt 32.39** Reconozcan ahora que yo soy Dios, y que no hay otros dioses conmigo.

Yo doy la vida, y yo la quito; yo hiero de muerte, y yo devuelvo la vida, y no hay nadie que pueda evitarlo.

160 **Ro 12.19** No busquemos vengarnos, amados míos. Mejor dejemos que actúe la ira de Dios, porque está escrito: "Mía es la venganza, yo pagaré, dice el Señor."

H.B. **Gn 37.23-35** Los hermanos de José lo dañaron y le amargaron la vida a su padre por medio de su maldad. **Ex 1.** Los egipcios amargaron la vida de los israelitas con crueles trabajos.

C. Dios nos prohíbe guardar ira u odio contra el prójimo en nuestro corazón.

161 **Mt 5.22** Pero yo les digo que cualquiera que se enoje contra su hermano, será culpable de juicio.

162 **1 Jn 3.15** Todo aquel que odia a su hermano es homicida, y ustedes saben que ningún homicida tiene vida eterna permanente en él.

163 **Mt 15.19** Porque del corazón salen los malos deseos, los homicidios, los adulterios, las fornicaciones, los robos, los falsos testimonios, las blasfemias.

164 **Ef 4.** Enójense, pero no pequen; reconcíliense antes de que el sol se ponga.

H.B. **Hch 7.54** Los judíos crujían los dientes contra Esteban. **Gn 4.5-7** Dios advirtió a Caín contra el enojo.

53. ***¿Quién tiene autoridad para tomar la vida de otra persona?***

Las autoridades del gobierno, como sirvientes de Dios, pueden ejecutar criminales y pelear guerras por la justicia.

165 **Ro 13.4** La autoridad está al servicio de Dios para tu bien. Pero si haces lo malo, entonces sí debes temer, porque no lleva la espada en vano, sino que está al servicio de Dios para darle su merecido al que hace lo malo.

54. ***¿Qué nos ordena Dios en el Quinto Mandamiento?***

A. Dios nos ordena ayudar a nuestro prójimo y sustentarlo en toda necesidad física.

166 **Ro 12.20** Por lo tanto, si nuestro enemigo tiene hambre, démosle de comer; si tiene sed, démosle de beber. Si así lo hacemos, haremos que éste se avergüence de su conducta.

H.B. **Gn 14.12-16** Abrahán rescató a Lot de sus enemigos. **1 S 26.1-12** David protegió la vida de Saúl. **Lc 10.33-35** El buen samaritano ayudó al hombre que cayó víctima de unos ladrones.

B. Debemos ser misericordiosos, bondadosos, y perdonadores con él.

167 **Mt 5.5, 7, 9** Bienaventurados los mansos, porque ellos heredarán la tierra. Bienaventurados los misericordiosos, porque ellos serán tratados con misericordia. Bienaventurados los pacificadores, porque ellos serán llamados hijos de Dios.

168 **Mt 6.15** Pero si ustedes no perdonan a los otros sus ofensas, tampoco el Padre de ustedes les perdonará sus ofensas.

169 **Ef 4.32** Sean bondadosos y misericordiosos, y perdónense unos a otros, así como también Dios los perdonó a ustedes en Cristo.

H.B. **Lc 17.11-19** Jesús mostró misericordia a los diez leprosos. **Mt 8.5-13** El centurión fue gentil con su sirviente enfermo. **Gn 45.1-16** José perdonó a sus hermanos.

C. Debemos evitar, y ayudar a nuestro prójimo a que evite el uso abusivo de las drogas y de toda sustancia que haga daño a su cuerpo o a su mente.

170 2 Co 7.1 Limpiémonos de toda contaminación de carne y de espíritu.

El Sexto Mandamiento

[El matrimonio es un don de Dios]

No cometas adulterio.

¿Qué quiere decir esto?

Debemos temer y amar a Dios de modo que llevemos una vida casta y decente en palabras y en obras, y que cada uno ame y honre a su cónyuge.

55. *¿Cómo llevamos una vida sexual pura y decente?*

Llevamos una vida sexualmente pura y decente cuando:

A. consideramos la sexualidad como un don precioso de Dios;

171 **Gn 1.27, 31** Dios creó al hombre a su imagen. Lo creó a imagen de Dios. Hombre y mujer los creó... Y vio Dios todo lo que había hecho, y todo ello era bueno en gran manera.

B. honramos al matrimonio como una institución de Dios, como la unión de un hombre y una mujer para toda la vida.

172 **Gn 2.24-25** Por eso el hombre dejará a su padre y a su madre, y se unirá a su mujer, y serán un solo ser. Y aunque Adán y su mujer andaban desnudos, no se avergonzaban de andar así.

173 **Mc 10.6-9** Al principio de la creación, Dios los hizo hombre y mujer. Por esto el hombre dejará a su padre y a su madre, y se unirá a su mujer, y los dos serán un solo ser, así que ya no son dos, sino uno solo. Por tanto, lo que Dios ha unido, que no lo separe nadie.

C. Cuando el acto sexual es reservado para ser practicado únicamente entre los esposos.

174 **Heb 13.4** Todos ustedes deben honrar su matrimonio, y ser fieles a sus cónyuges; pero a los libertinos y a los adúlteros los juzgará Dios.

D. Debemos controlar nuestras pasiones sexuales de acuerdo a su voluntad.

175 **Tit 2.11-12** Porque la gracia de Dios se ha manifestado para la salvación de todos los hombres, y nos enseña que debemos renunciar a la impiedad y a los deseos mundanos, y vivir en esta época de manera sobria, justa y piadosa,

Nota: Ver también **1 Ts 4.1-7**

56. *¿Qué prohíbe Dios en el Sexto Mandamiento?*

A. Dios prohíbe el divorcio, excepto por infidelidad conyugal (adulterio o abandono).

176 **Mt 19.6** Así que ya no son dos, sino un solo ser. Por tanto, lo que Dios ha unido, que no lo separe nadie.

177 **Mt 19.9** Y yo les digo que, salvo por causa de fornicación, cualquiera que se divorcia de su mujer y se casa con otra, comete adulterio. Y el que se casa con la divorciada, también comete adulterio.

178 **1 Co 7.15** Pero si el no creyente quiere separarse, que lo haga; en ese caso, el hermano o la hermana no están obligados a mantener esa relación, pues Dios nos llamó a vivir en paz.

H.B. **2 S 11** David cometió adulterio con la esposa de Urías. **Mc 6.18** Herodes vivía con la esposa de su hermano.

B. Dios prohíbe las relaciones sexuales fuera del matrimonio,

179 **1 Co 6.18** Huyan de la inmoralidad sexual.

180 **1 Co 6.9-10** Ni los fornicarios, ni los idólatras, ni los adúlteros, ni los afeminados, ni los que se acuestan con hombres, ni los ladrones, ni los avaros, ni los borrachos, ni los malhablados, ni los estafadores, heredarán el reino de Dios.

C. Dios prohíbe pecados como la violencia sexual, la homosexualidad, el incesto, el abuso sexual a los niños, las obscenidades, y la pornografía.

181 **Ro 1.24, 26-27** Por eso Dios los entregó a los malos deseos de su corazón y a la impureza, de modo que degradaron entre sí sus propios cuerpos... Por esto Dios los entregó a pasiones vergonzosas. Hasta sus mujeres cambiaron las relaciones naturales por las que van en contra de la naturaleza. De la misma manera, los hombres dejaron las relaciones naturales con las mujeres y se encendieron en su lascivia unos con otros. Cometieron hechos vergonzosos hombres con hombres, y recibieron en sí mismos la retribución que merecía su perversión.

182 **1 Co 6.9-10** ¿Acaso no saben que los injustos no heredarán el reino de Dios? No se equivoquen: ni los fornicarios, ni los idólatras, ni los adúlteros, ni los afeminados, ni los que se acuestan con hombres, ni los ladrones, ni los avaros, ni los borrachos, ni los malhablados, ni los estafadores, heredarán el reino de Dios.

D. Dios prohíbe todo deseo y pensamiento que sea sexualmente impuro.

183 **Mt 5.28** Pero yo les digo que cualquiera que mira con deseos a una mujer, ya adulteró con ella en su corazón.

184 **Mt 15.19** Porque del corazón salen los malos deseos, los homicidios, los adulterios, las fornicaciones, los robos, los falsos testimonios, las blasfemias.

57. ***¿Qué nos ordena Dios en el Sexto Mandamiento?***

A. Dios nos ordena evitar todas las tentaciones a los pecados sexuales.

185 **Gn 39.9** ¿Cómo podría yo cometer algo tan malo y pecar contra Dios?

186 **1 Co 6.18** Huyan de la inmoralidad sexual. Cualquier otro pecado que el hombre cometa, ocurre fuera del cuerpo; pero el que comete inmoralidad sexual peca contra su propio cuerpo.

B. Dios nos ordena ser limpios en pensamientos y palabras.

187 **Ef 5.3-4** Entre ustedes ni siquiera deben hablar de inmoralidad sexual, ni de avaricia, ni de ninguna otra clase de depravación, pues ustedes son

santos. Tampoco digan obscenidades, ni tonterías ni palabras groseras. Eso no es conveniente. En vez de eso, den gracias a Dios.

188 **Fil 4.8** Por lo demás, hermanos, piensen en todo lo que es verdadero, en todo lo honesto, en todo lo justo, en todo lo puro, en todo lo amable, en todo lo que es digno de alabanza; si hay en ello alguna virtud, si hay algo que admirar, piensen en ello.

C. Dios nos ordena usar nuestra sexualidad de una manera responsable y agradable a Dios.

189 **1 Co 6.19-20** ¿Acaso ignoran que el cuerpo de ustedes es templo del Espíritu Santo, que está en ustedes, y que recibieron de parte de Dios, y que ustedes no son dueños de sí mismos? Porque ustedes han sido comprados; el precio de ustedes ya ha sido pagado. Por lo tanto, den gloria a Dios en su cuerpo y en su espíritu, los cuales son de Dios.

58. ***¿Qué es lo que Dios requiere especialmente del esposo y la esposa?***

Dios requiere de las parejas casadas que se amen, honren y se respeten mutuamente. La mujer es la ayudante y compañera dada por Dios al hombre, y el hombre es la cabeza dada por Dios a la mujer.

190 **Gn 2.18** Después Dios el Señor dijo: "No está bien que el hombre esté solo; le haré una ayuda a su medida."

191 **1 Co 7.4** La esposa ya no tiene poder sobre su propio cuerpo, sino su esposo; y tampoco el esposo tiene poder sobre su propio cuerpo, sino su esposa.

192 **Ef 4.32** En cuanto a su pasada manera de vivir, despójense de su vieja naturaleza, la cual está corrompida por los deseos engañosos.

193 **Ef 5.21-23, 25** Cultiven entre ustedes la mutua sumisión, en el temor de Dios. Ustedes, las casadas, honren a sus propios esposos, como honran al Señor; porque el esposo es cabeza de la mujer, así como Cristo es cabeza de la iglesia, la cual es su cuerpo, y él es su Salvador. Esposos, amen a sus esposas, así como Cristo amó a la iglesia, y se entregó a sí mismo por ella.

Nota: Ver la Tabla de Deberes en el Catecismo Menor.

El Séptimo Mandamiento

[Los bienes son un don de Dios]

No robes.

¿Qué quiere decir esto? Debemos temer y amar a Dios de modo que no quitemos el dinero o los bienes de nuestro prójimo, ni nos apoderemos de ellos con mercaderías o negocios falsos, sino que le ayudemos a mejorar y conservar sus bienes y medios de vida.

59. ***¿Qué prohíbe Dios en el Séptimo Mandamiento?***

Dios prohíbe todo tipo de robo, hurto, usura, fraude y toda forma de deshonestidad para conseguir cosas.

194 **Lv 19.35-36** No sean injustos en el juicio, ni hagan trampa al medir terrenos, o al pesar o medir algo. Usen balanzas, pesas y medidas justas.

195 **Sal 37.21** El malvado pide prestado y no paga; El justo es bondadoso y comparte lo que tiene.

196 **Ef 4.28** El que antes robaba, que no vuelva a robar; al contrario, que trabaje y use sus manos para el bien, a fin de que pueda compartir algo con quien tenga alguna necesidad.

197 **2 Ts 3.10** Si alguno no quiere trabajar, que tampoco coma.

H.B. **Jos 7.20-22** Acán robó cuando tomó secretamente un manto, plata y oro. **Jn 12.6** Judas fue un ladrón. **2 R 5.20-24.** Giezi fue deshonesto y se valió de mentiras para obtener un regalo.

60. *¿Qué nos ordena Dios en el Séptimo Mandamiento?*

A. Dios nos ordena ayudar a nuestro prójimo a conservar y mejorar sus bienes y medios de vida.

198 **Mt 7.12** Así que, todo lo que quieran que la gente haga con ustedes, eso mismo hagan ustedes con ellos.

199 **Fil 2.4** No busque cada uno su propio interés, sino cada cual también el de los demás.

H.B. **Gn 13.9** Abrahán permitió que Lot escogiera la mejor tierra. **Gn 14.12-16** Abrahán rescató a Lot de sus enemigos y recuperó su propiedad.

B. Debemos ayudar a nuestro prójimo en toda necesidad.

200 **Mt 5.42** Al que te pida, dale, y al que quiera tomar de ti prestado, no se lo rehúses.

201 **Heb 13.16** No se olviden de hacer bien ni de la ayuda mutua, porque éstos son los sacrificios que agradan a Dios.

202 **1 Jn 3.17** Pero ¿cómo puede habitar el amor de Dios en aquel que tiene bienes de este mundo y ve a su hermano pasar necesidad, y le cierra su corazón?

H.B. **Lc 19.8** Zaqueo prometió devolver cuatro veces lo que había defraudado y dar la mitad de sus bienes a los pobres. **Lc 10.29-37** El buen samaritano ayudó a su prójimo pero el sacerdote y levita no lo hicieron.

El Octavo Mandamiento

[El buen nombre es un don de Dios]

No digas mentiras en perjuicio de tu prójimo.

¿Qué quiere decir esto?

Debemos temer y amar a Dios de modo que no mintamos contra nuestro prójimo, ni le traicionemos, ni le calumniemos, ni le difamemos, sino que le disculpemos, hablemos bien de él e interpretemos todo en el mejor sentido.

61. *¿Qué nos prohíbe Dios en el Octavo Mandamiento?*

A. Dios nos prohíbe mentir acerca de nuestro prójimo ante un tribunal o en otros lugares, sea dando falso testimonio o encubriendo la verdad.

203 **Pr 19.5** El testigo falso no quedará sin castigo; no escapará el que propala mentiras.

204 **Ef 4.25** Por eso cada uno de ustedes debe desechar la mentira y hablar la verdad con su prójimo; porque somos miembros los unos de los otros.

H.B. **Mt 26.59-61** Testigos falsos testificaron en contra de Jesús. **1 R 21.13** Los testigos contaron falsedades contra Nabot. **2 R 5.22-25** Giezi mintió.

B. Dios también nos prohíbe traicionar a nuestro prójimo, esto es, revelar sus secretos.

205 **Pr 11.13** Quien es chismoso da a conocer el secreto; quien es ecuánime es también reservado.

H.B. **1 S 22.6-19** Doeg traicionó a Ahimelec. **Mt 26.14-16** Judas traicionó a Jesús.

C. Dios nos prohíbe calumniar y manchar el buen nombre de nuestro prójimo.

206 **Mt 18.15** si tu hermano peca contra ti, ve y repréndelo cuando él y tú estén solos.

207 **Lc 6.37** No juzguen, y no serán juzgados. No condenen, y no serán condenados.

208 **Stg 4.11** Hermanos, no hablen mal los unos de los otros.

H.B. **2 S 15.1-6** Absalón habló mal de su padre.

62. *¿Qué nos ordena Dios en el Octavo Mandamiento?*

A. Dios nos ordena interceder, proteger, y defender a nuestro prójimo de toda falsa acusación.

209 **Pr 31.8-9** Habla en lugar de los que no pueden hablar; ¡defiende a todos los desvalidos! Habla en su lugar, y hazles justicia; ¡defiende a los pobres y menesterosos!

B. Debemos hablar bien de él y felicitarlo por sus buenas acciones y cualidades.

H.B. **1 S 19.4** Jonatán habló bien de David. **Lc 7.4-5** La gente de Cafarnaún habló bien del oficial romano.**Mc 14.3-9** Jesús habló bien de la mujer que lo ungió.

C. Dios nos ordena disculpar a nuestro prójimo e interpretar todo en el mejor sentido.

210 **1 Co 13.7** [El amor] todo lo sufre, todo lo cree, todo lo espera, todo lo soporta.

211 **1 P 4.8** El amor cubre infinidad de pecados.

El Noveno Mandamiento

[Estar satisfecho es un don de Dios]

No codicies la casa de tu prójimo.

¿Qué quiere decir esto? Debemos temer y amar a Dios de modo que no tratemos de obtener con astucia la herencia o casa de nuestro prójimo, ni nos apoderemos de ellas con apariencia de derecho, sino que le ayudemos y cooperemos con él en la conservación de lo que le pertenece.

63. *¿Qué es la codicia?*

La codicia es el deseo pecaminoso de tener algo o alguien que le pertenece a nuestro prójimo.

212 **Ro 7.8** El pecado despertó en mí toda clase de codicia.

213 **Mt 15.19** Porque del corazón salen los malos deseos, los homicidios, los adulterios, las fornicaciones, los robos, los falsos testimonios, las blasfemias.

64. ***¿Qué forma de codicia nos prohíbe Dios en el Noveno Mandamiento?***

Dios nos prohíbe todo deseo pecaminoso de obtener abierta o engañosamente los bienes de nuestro prójimo.

214 **Miq 2.1-2** ¡Ay de los que aun acostados hacen planes inicuos y maquinan el mal, y en cuanto amanece los ejecutan, porque tienen el poder en la mano! Codician las propiedades de otros, y se las quitan; codician casas, y las toman; oprimen al hombre y a su familia, al hombre y a su heredad.

215 **1 Ti 6.8-10** Así que, si tenemos sustento y abrigo, contentémonos con eso. Los que quieren enriquecerse caen en la trampa de la tentación, y en muchas codicias necias y nocivas, que hunden a los hombres en la destrucción y la perdición; porque la raíz de todos los males es el amor al dinero, el cual algunos, por codiciarlo, se extraviaron de la fe y acabaron por experimentar muchos dolores.

H.B. **1 R 21.1-16** Acab codició la viña a Nabot y la consiguió con apariencia de derecho.

65. ***¿Qué nos ordena Dios en el Noveno Mandamiento?***

Dios nos ordena estar contentos con lo que nos ha dado y ayudar a nuestro prójimo a conservar lo que Dios le ha dado.

216 **Fil 4.11** No lo digo porque tenga escasez, pues he aprendido a estar contento en cualquier situación.

217 **1 Ti 6.6** La piedad es una gran ganancia, cuando va acompañada de contentamiento

218 **Heb 13.5** Vivan sin ambicionar el dinero. Más bien, confórmense con lo que ahora tienen, porque Dios ha dicho: "No te desampararé, ni te abandonaré."

H.B. **Hch 20.32-35** Pablo superó la codicia.

El Décimo Mandamiento

[Estar satisfecho es un don de Dios]

No codicies la mujer de tu prójimo, ni su esclavo o su esclava, ni su buey, ni su asno, ni nada que le pertenezca.

¿Qué quiere decir esto?

Debemos temer y amar a Dios de modo que no le quitemos al prójimo su mujer, sus criados o sus animales, ni los alejemos, ni hagamos que lo abandonen, sino que los instemos a que permanezcan con él y cumplan con sus obligaciones.

66. ***¿Qué forma de codicia nos prohíbe Dios en el Décimo Mandamiento?***

Dios nos prohíbe todo deseo pecaminoso de quitarle al prójimo su cónyuge o sus empleados.

219 Lc 12.15 También les dijo: Manténganse atentos y cuídense de toda avaricia, porque la vida del hombre no depende de los muchos bienes que posea.

220 **Col 3.5** Por lo tanto, hagan morir en ustedes todo lo que sea terrenal: inmoralidad sexual, impureza, pasiones desordenadas, malos deseos y avaricia. Eso es idolatría. 6 Por cosas como éstas les sobreviene la ira de Dios a los desobedientes.

H.B. **2 S 11.2-4** David codició a la mujer de Urías. **2 S 15.1-6** Absalón codició la popularidad de su padre.

67. *¿Qué nos ordena Dios en el Décimo Mandamiento?*

Dios nos ordena estar satisfechos con las personas que puso a nuestro lado, y ayudar a ser fieles a aquéllas que están con nuestro prójimo.

221 **Fil 2.4** No busque cada uno su propio interés, sino cada cual también el de los demás.

H.B. **Flm** Pablo devolvió a Onésimo a su amo Filemón.

68. *¿Qué nos recuerda el Señor en particular en los últimos dos mandamientos?*

A. A la vista de Dios la codicia en sí es un verdadero pecado y merece condenación.

222 **Gn 3.6** La mujer vio que el árbol era bueno para comer, apetecible a los ojos, y codiciable para alcanzar la sabiduría. Tomó entonces uno de sus frutos, y lo comió.

223 **Stg 1.14-15** Cada uno es tentado cuando se deja llevar y seducir por sus propios malos deseos. El fruto de estos malos deseos, una vez concebidos, es el pecado; y el fruto del pecado, una vez cometido, es la muerte.

B. Dios quiere que lo amemos a él y que tengamos deseos santos.

224 **Sal 37.4** Disfruta de la presencia del Señor, y él te dará lo que de corazón le pidas.

225 **Sal 119.35-36** Encamíname hacia tus mandamientos, porque en ellos me deleito. Inclina mi corazón hacia tus testimonios, y no hacia la avaricia.

226 **Fil 4.8** Por lo demás, hermanos, piensen en todo lo que es verdadero, en todo lo honesto, en todo lo justo, en todo lo puro, en todo lo amable, en todo lo que es digno de alabanza; si hay en ello alguna virtud, si hay algo que admirar, piensen en ello.

La conclusión de Los Mandamientos

¿Qué dice Dios acerca de todos estos mandamientos?

*Dice así: "Yo soy el Señor tu Dios, Dios celoso que castiga la maldad de los padres que me odian, en sus hijos, nietos y bisnietos; pero que trato con amor por mil generaciones a los que me aman y cumplen mis mandamientos." (***Ex 20.5-6***)*

¿Qué quiere decir esto?

Dios amenaza castigar a todos los que traspasan estos mandamientos. Por lo tanto, debemos temer su ira y no actuar en contra de dichos mandamientos. En cambio, él promete gracia y todo género de bienes a todos los que los cumplen. Así que debemos amarlo y confiar en él, y actuar gustosos conforme a sus mandamientos.

69. ***¿Por qué se llama Dios a sí mismo Dios celoso?***

Porque Dios es santo

A. Odia el pecado e insiste en una obediencia perfecta y estricta;

B. No compartirá con ídolos el honor y respecto que le debemos sólo a él;

C. Castigará a los que lo odian.

227 **Sal 5.4-5** No eres un Dios que se complazca en la maldad; los malvados no pueden habitar contigo. Los perversos no pueden presentarse ante ti, pues aborreces a todos los malhechores.

228 **Is 42.8** Yo soy el Señor. Éste es mi nombre, y no daré a otro mi gloria, ni mi alabanza a esculturas.

229 **Ez 6.9** Se acordarán de cómo sufrí por culpa de su corazón infiel, que se apartó de mí, y por haber puesto sus ojos infieles en los ídolos.

230 **Stg 4.12** La ley la ha dado Uno solo, el cual tiene poder para salvar y destruir.

70. ***¿Con qué amenaza Dios a todos los que lo odian y no cumplen sus mandamientos?***

Dios los amenaza con castigo terrenal, la muerte temporal y la condenación eterna.

231 **Lv 26.18** Si a pesar de todo esto, ustedes no me hacen caso, yo los castigaré por sus pecados siete veces más.

232 **Ro 6.23** La paga del pecado es muerte.

233 **Gl 3.10** Maldito sea todo aquel que no se mantenga firme en todas las cosas escritas en el libro de la ley, y las haga.

71. ***¿Qué quiere decir Dios cuando amenaza que él visitará la maldad de los padres sobre los hijos hasta la tercera y cuarta generación de los que me aborrecen?***

Si los hijos, nietos y bisnietos también odian a Dios y siguen en los pasos pecaminosos de sus padres, entonces Dios los castigará durante esta vida por los pecados de sus antepasados.

234 **Ez 18.20** Sólo el que peque merece la muerte. Ningún hijo pagará por el pecado de su padre, ni tampoco ningún padre pagará por el pecado de su hijo. El hombre justo será juzgado por su justicia, y el malvado será juzgado por su maldad.

H.B. **2 R 9.7-8; 10.11** La familia del malvado Acab y Jezabel fueron destruidos.
2 Cr 36.17-21 Israel fue llevada al cautiverio por su desobediencia y maldad.

72. ***¿A qué debe inducirnos esta amenaza?***

Esta amenaza debe inducirnos a temer la ira de Dios y no hacer nada contra sus mandamientos.

235 **Ec 12.13-14** Todo este discurso termina en lo siguiente: Teme a Dios, y cumple sus mandamientos. Eso es el todo del hombre. Por lo demás, Dios habrá de juzgar toda obra, buena o mala, junto con toda acción encubierta.

236 **Mt 10.28** No tengan miedo de los que pueden darles muerte pero no pueden disponer de su destino eterno; teman más bien al que puede darles muerte y también puede destruirlos para siempre en el infierno.

73. ***¿Qué promete Dios a todos los que aman y guardan sus mandamientos?***

A aquéllos que creen en él, y a sus descendientes que le temen, Dios les promete su amor y toda clase de bienes.

237 **1 Ti 4.8** La piedad es provechosa para todo, pues cuenta con promesa para esta vida presente, y para la venidera.

H.B. **Job 42.10-17** Dios bendijo a Job por su fidelidad.

El cumplimiento de la ley

74. ***¿Cómo quiere Dios que guardemos sus mandamientos?***

Dios quiere que guardemos sus mandamientos de una manera perfecta en pensamientos, deseos, palabras y obras.

238 **Lv 19.2** Ustedes deben ser santos porque yo, el Señor su Dios, soy santo.

239 **Stg 2.10** Porque cualquiera que cumpla toda la ley, pero que falle en un solo mandato, ya es culpable de haber fallado en todos.

75. ***¿Qué nos impide guardar la ley de Dios de una manera perfecta?***

Nuestra naturaleza pecadora lo hace imposible.

240 **Sal 14.3** Pero todos se han desviado; todos a una se han corrompido. No hay nadie que haga el bien; ¡ni siquiera hay uno solo!

241 **Ec 7.20** No hay en la tierra nadie tan justo que siempre haga el bien y nunca peque.

242 **Is 64.6** Todos nosotros estamos llenos de impureza; todos nuestros actos de justicia son como un trapo lleno de inmundicia.

243 **1 Jn 1.8** Si decimos que no tenemos pecado, nos engañamos a nosotros mismos, y la verdad no está en nosotros.

H.B. **Ro 7.15-20** El apóstol Pablo sintió dolor por su incapacidad de poder guardar la ley.

76. ***¿Quién puede ser salvado por la Ley?***

Nadie; la ley nos condena a todos.

244 **Gl 3.10-11** Todos los que dependen de las obras de la ley están bajo maldición, pues está escrito: "Maldito sea todo aquel que no se mantenga firme en todas las cosas escritas en el libro de la ley, y las haga." Y es evidente que por la ley ninguno se justifica para con Dios.

El propósito de la ley

77. ***¿Para qué, pues, sirve la ley?***

A. Primero: La ley ayuda a controlar los brotes violentos del pecado y mantiene el orden en el mundo (Freno).

245 **1 Ti 1.9** también sabemos que la ley no fue dada para el justo, sino para los transgresores y desobedientes, para los impíos y pecadores, para los irreverentes y profanos, para los parricidas y matricidas.

246 Ro 2.14-15 Porque cuando los paganos, que no tienen ley, hacen por naturaleza lo que la ley demanda, son ley para sí mismos, aunque no tengan la ley; y de esa manera demuestran que llevan la ley escrita en su corazón, pues su propia conciencia da testimonio, y sus propios razonamientos los acusarán o defenderán.

B. Segundo, y principalmente, la ley nos acusa y nos enseña nuestro pecado (Espejo).

247 **Ro 3.20** La ley sirve para reconocer el pecado.

248 **Ro 7.7** Si la ley no dijera: "No codiciarás", tampoco yo habría sabido lo que es codiciar.

C. Tercero: La ley enseña al cristiano cuáles son las obras verdaderamente buenas (Regla).

249 **Sal 119.9** ¿Cómo puede el joven limpiar su camino? ¡Obedeciendo tu palabra!

250 **Sal 119.105** Tu palabra es una lámpara a mis pies; ¡es la luz que ilumina mi camino!

251 **1 Jn 4.9, 11** En esto se mostró el amor de Dios para con nosotros: en que Dios envió al mundo a su Hijo unigénito, para que vivamos por él. Amados, si Dios nos ha amado así, nosotros también debemos amarnos unos a otro.

Nota: Ver **Lucas 10.27.**

El pecado

78. *¿Qué es el pecado?*

Pecado es todo pensamiento, deseo, palabra o acción contrarios a la ley de Dios.

252 **1 Jn 3.4** Todo aquel que comete pecado, quebranta también la ley, pues el pecado es quebrantamiento de la ley.

Nota: Otros nombres que se le dan al pecado son *desobediencia* **Ro 5.19**; *deuda* **Mt 6.12**; *iniquidad, rebelión* **Ex 34.7**; *faltas* **Mt 18.15**; *transgresiones* **Ro 5.17**; *iniquidad* **Ro 6.13**; e *injusticia* **Col 3.25**.

79. *¿Por quién vino el pecado al mundo?*

El pecado vino al mundo por el diablo, quien tentó a Adán y Eva, quienes por su propia voluntad se dejaron seducir al pecado.

253 **1 Jn 3.8** El que practica el pecado es del diablo, porque el diablo peca desde el principio.

254 **Ro 5.12** El pecado entró en el mundo por un solo hombre.

H.B. **Gn 3.1-7** La caída de la humanidad.

80. *¿Cuántas clases de pecados hay?*

Hay dos clases de pecado: el pecado original y el pecado actual.

81. *¿Qué es el pecado original?*

El pecado original es la corrupción total de toda la naturaleza humana, que hemos heredado de Adán por medio de nuestros padres.

255 **Sal 51.5** ¡Mírame! ¡Yo fui formado en la maldad! ¡Mi madre me concibió en pecado!

256 **Jn 3.6** Lo que nace de la carne, carne es; y lo que nace del Espíritu, espíritu es.

257 **Ro 5.12** Por tanto, como el pecado entró en el mundo por un solo hombre, y por medio del pecado entró la muerte, así la muerte pasó a todos los hombres, por cuanto todos pecaron.

258 **Ef 4.22** En cuanto a su pasada manera de vivir, despójense de su vieja naturaleza, la cual está corrompida por los deseos engañosos.

82. ***¿Qué ha hecho el pecado original a la naturaleza humana?***

El pecado original:

A. ha traído culpa y condenación a todos los seres humanos;

259 **Ro 5.19** Por la desobediencia de un solo hombre muchos fueron constituidos pecadores.

260 **Ef 2.3** Éramos por naturaleza objetos de ira, como los demás.

B. nos ha dejado a todos sin verdadero temor y amor a Dios, esto es, espiritualmente ciegos, muertos y enemigos de Dios;

261 **Gn 8.21** Desde su juventud las intenciones del corazón del hombre son malas.

262 **1 Co 2.14** El hombre natural no percibe las cosas que son del Espíritu de Dios, porque para él son una locura; y tampoco las puede entender, porque tienen que discernirse espiritualmente.

263 **Ef 2.1** [Ustedes] estaban muertos en sus delitos y pecados.

264 **Ro 8.7** Las intenciones de la carne llevan a la enemistad contra Dios; porque no se sujetan a la ley de Dios, ni tampoco pueden.

C. nos hace cometer toda clase de pecados actuales.

265 **Mt 7.17** Todo buen árbol da buenos frutos, pero el árbol malo da frutos malos.

266 **Gl 5.19-21** Las obras de la carne se manifiestan en adulterio, fornicación, inmundicia, lascivia, idolatría, hechicerías, enemistades, pleitos, celos, iras, contiendas, disensiones, herejías, envidias, homicidios, borracheras, orgías, y cosas semejantes a éstas. Acerca de ellas les advierto, como ya antes les he dicho, que los que practican tales cosas no heredarán el reino de Dios.

83. ***¿Qué es el pecado actual?***

El pecado actual es toda acción en contra de la ley de Dios en deseos, pensamientos, palabras y obras.

267 **Mt 15.19** Porque del corazón salen los malos deseos, los homicidios, los adulterios, las fornicaciones, los robos, los falsos testimonios, las blasfemias.

268 **Stg 1.15** El fruto de estos malos deseos, una vez concebidos, es el pecado; y el fruto del pecado, una vez cometido, es la muerte.

269 **Stg 4.17** El que sabe hacer lo bueno, y no lo hace, comete pecado.

84. ***¿Dónde sólo ofrece Dios el perdón de los pecados?***

Dios ofrece el perdón de los pecados sólo en el evangelio, la buena noticia de que somos liberados de la culpa, del castigo y del poder del pecado; y de que somos salvos por toda la eternidad porque Cristo cumplió la ley, sufrió, murió y resucitó por nosotros.

270 **Jn 3.16** De tal manera amó Dios al mundo, que ha dado a su Hijo unigénito, para que todo aquel que en él cree no se pierda, sino que tenga vida eterna.

271 **Ro 1.16** No me avergüenzo del evangelio, porque es poder de Dios para la salvación de todo aquel que cree: en primer lugar, para los judíos, y también para los que no lo son.

272 **Ro 10.4** El cumplimiento de la ley es Cristo, para la justicia de todo aquel que cree.

273 **Gl 3.13** Cristo nos redimió de la maldición de la ley, y por nosotros se hizo maldición porque está escrito: "Maldito todo el que es colgado en un madero."

274 **Col 1.13-14** [El Padre] nos ha librado del poder de la oscuridad y nos ha trasladado al reino de su amado Hijo, en quien tenemos redención por su sangre, el perdón de los pecados.

85. ***¿Qué diferencia hay entre la ley y el evangelio?***

A. La ley enseña lo que nosotros debemos hacer y dejar de hacer; el evangelio enseña lo que Dios ha hecho y todavía está haciendo para nuestra salvación.

B. La ley nos hace ver nuestro pecado y la ira de Dios; el evangelio, nuestro Salvador y la gracia de Dios.

C. La ley debe predicarse a todas las personas, pero especialmente a los pecadores impenitentes; el evangelio debe proclamarse a los pecadores alarmados y aterrorizados a causa de sus pecados.

EL CREDO APOSTÓLICO

86. ***¿Qué es un credo?***
Un credo es una afirmación de lo que creemos, enseñamos, y confesamos.
275 **Ro 10.10** Con el corazón se cree para alcanzar la justicia, pero con la boca se confiesa para alcanzar la salvación.

Creo

87. ***¿Qué quiere decir "creo en Dios"?***
Quiere decir que confío en Dios y en sus promesas, y que acepto como verdaderas todas sus enseñanzas en las Sagradas Escrituras.
276 **Sal 31.14** Señor, yo confío en ti, y declaro que tú eres mi Dios.
277 **Sal 37.5** Pon tu camino en las manos del Señor; confía en él, y él se encargará de todo.
278 **Ro 10.17** Así que la fe proviene del oír, y el oír proviene de la palabra de Dios.
279 **Heb 11.1** Ahora bien, tener fe es estar seguro de lo que se espera; es estar convencido de lo que no se ve.
88. ***¿Por qué decimos en cada uno de los tres artículos "creo" y no "creemos"?***
Ninguno puede ser salvo por la fe de otro, sino que cada uno tiene que creer por sí mismo.
280 **Hab 2.4** El justo vivirá por su fe.
281 **Lc 7.50** Tu fe te ha salvado. Ve en paz.
H.B. **Mt 25.1-13** Las vírgenes insensatas no pudieron conseguir aceite.
89. ***¿Cuáles son los tres credos que usa la iglesia?***
El Credo Apostólico, el Credo Niceno y el Credo Atanasiano.
90. ***¿Qué credo se usa en el Catecismo Menor de Lutero?***
El Credo Apostólico
91. ***¿Por qué se lo llama Credo Apostólico?***
Se lo llama Apostólico no porque haya sido escrito por los apóstoles, sino porque en forma resumida enseña la doctrina que Dios dio por medio de los apóstoles en la Biblia. El Credo es trinitario porque las Escrituras revelan a

Dios como trino. Los cristianos son bautizados en el nombre del Dios trino: Padre, Hijo y Espíritu Santo.

282 **Mt 28.19** Vayan y hagan discípulos en todas las naciones, y bautícenlos en el nombre del Padre, y del Hijo, y del Espíritu Santo.

283 **Ef 4.4-6** Así como ustedes fueron llamados a una sola esperanza, hay también un cuerpo y un Espíritu, un Señor, una fe, un bautismo, y un Dios y Padre de todos, el cual está por encima de todos, actúa por medio de todos, y está en todos.

92. ***¿En qué maneras se da a conocer el Dios trino?***

A. A través de la existencia del mundo (el conocimiento natural de Dios).

284 **Sal 19.1** Los cielos proclaman la gloria de Dios; el firmamento revela la obra de sus manos.

285 **Ro 1.19-20** Para ellos, lo que de Dios se puede conocer es evidente, pues Dios se lo reveló; porque lo invisible de Dios, es decir, su eterno poder y su naturaleza divina, se hacen claramente visibles desde la creación del mundo, y pueden comprenderse por medio de las cosas hechas, de modo que no tienen excusa.

286 **Heb 3.4** Porque toda casa es hecha por alguien, pero el que hizo todas las cosas es Dios.

B. A través de la conciencia (conocimiento natural de Dios)

287 **Ro 2.15** Demuestran que llevan la ley escrita en su corazón, pues su propia conciencia da testimonio, y sus propios razonamientos los acusarán o defenderán.

C. Especialmente a través de las Sagradas Escrituras en las cuales Dios claramente se revela a sí mismo y también su regalo de salvación por medio de Cristo (conocimiento revelado de Dios).

288 **Jn 20.31** Pero éstas [obras de Jesús] se han escrito para que ustedes crean que Jesús es el Cristo, el Hijo de Dios, y para que al creer, tengan vida en su nombre.

289 **2 Ti 3.15** Desde la niñez has conocido las Sagradas Escrituras, las cuales te pueden hacer sabio para la salvación por la fe que es en Cristo Jesús.

290 **Heb 1.1-2** Dios, que muchas veces y de distintas maneras habló en otros tiempos a nuestros padres por medio de los profetas, en estos días finales nos ha hablado por medio del Hijo, a quien constituyó heredero de todo, y mediante el cual hizo el universo.

93. ***¿Quién es Dios?***

En su Palabra Dios nos ha dicho que él:

A. es Espíritu (un ser personal sin cuerpo natural);

291 **Jn 4.24** Dios es Espíritu.

B. es eterno (sin principio y sin fin);

292 **Sal 90.1-2** Señor, tú has sido nuestro refugio de una generación a otra generación. Antes de que nacieran los montes y de que formaras la tierra y el mundo; desde los tiempos primeros y hasta los tiempos postreros, ¡tú eres Dios!

293 **1 Ti 1.17** Por tanto, al Rey de los siglos, al inmortal e invisible, al único y sabio Dios, sean el honor y la gloria por los siglos de los siglos. Amén.

C. no cambia (inmutable);

294 **Sal 102.27** ¡Tú seguirás siendo el mismo, y tus años nunca tendrán fin!

295 **Mal 3.6** Yo soy el Señor, y no cambio.

296 **Stg 1.17** Toda buena dádiva y todo don perfecto descienden de lo alto, del Padre de las luces, en quien no hay cambio ni sombra de variación.

D. es omnipotente (todopoderoso);

297 **Gn 17.1** Yo soy el Dios Todopoderoso.

298 **Mt 19.26** Para Dios todo es posible.

E. lo sabe todo (omnisciente);

299 **Sal 139.1-4** Señor, tú me has examinado y me conoces; tú sabes cuando me siento o me levanto; ¡desde lejos sabes todo lo que pienso! Me vigilas cuando camino y cuando descanso; ¡estás enterado de todo lo que hago! Todavía no tengo las palabras en la lengua.

300 **Jn 21.17** Señor, tú lo sabes todo.

F. está presente en todo lugar (omnipresente);

301 **Jer 23.24** ¿Podrá alguien esconderse donde yo no pueda verlo? ¿Acaso no soy yo el Señor, que llena el cielo y la tierra? –Palabra del Señor.

302 **Hch 17.27** [Dios] no está lejos de cada uno de nosotros.

G. es santo (sin pecado, y odia el pecado);

303 **Lv 19.2** Ustedes deben ser santos porque yo, el Señor su Dios, soy santo.

304 **Sal 5.4-5** No eres un Dios que se complazca en la maldad; los malvados no pueden habitar contigo. Los perversos no pueden presentarse ante ti, pues aborreces a todos los malhechores.

305 **Is 6.3** ¡Santo, santo, santo es el Señor de los ejércitos!

H. es justo (equitativo e imparcial);

306 **Dt 32.4** Él es nuestra Roca, y su obra es perfecta; todos sus caminos son de justicia. Es el Dios de la verdad, justo y recto; en él no hay ninguna maldad.

I. es fiel (cumple sus promesas);

307 **2 Ti 2.13** Si somos infieles, él permanece fiel; Él no puede negarse a sí mismo.

J. es bueno (amoroso, desea nuestro bienestar);

308 **Sal 118.1** ¡Alabemos al Señor, porque él es bueno; porque su misericordia permanece para siempre!

309 **Sal 145.9** El Señor es bueno con todos, y se compadece de toda su creación.

K. es misericordioso (lleno de compasión);

310 **Jer 3.12** Soy misericordioso. –Palabra del Señor.

311 **Tit 3.5** Nos salvó, no porque nosotros hubiéramos hecho nada bueno, sino porque tuvo compasión de nosotros.

L. es lleno de gracia;

312 Ex 34.6-7 Luego el Señor pasó delante de Moisés, y proclamó: "¡EL SEÑOR! ¡EL SEÑOR! ¡Dios misericordioso y clemente! ¡Lento para la ira, y grande en misericordia y verdad! ¡Es misericordioso por mil generaciones! ¡Perdona la maldad, la rebelión y el pecado, pero de ningún modo declara inocente al malvado! ¡Castiga la maldad de los padres en los hijos y en los hijos de los hijos, hasta la tercera y cuarta generación!"

M. es amor.

313 Jn 3.16 De tal manera amó Dios al mundo, que ha dado a su Hijo unigénito, para que todo aquel que en él cree no se pierda, sino que tenga vida eterna.

314 1 Jn 4.8 Dios es amor.

Nota: Los atributos de Dios nos dicen lo que él es. Dios es cada uno de ellos, todos ellos, y más que esos atributos.

94. *¿Quién es el único verdadero Dios?*

El único verdadero Dios es el Dios trino: Padre, Hijo y Espíritu Santo, tres personas distintas en una sola esencia divina.

95. *¿Cómo se distinguen estas tres personas divinas entre sí?*

El Padre engendró al Hijo desde la eternidad; el Hijo fue engendrado del Padre desde la eternidad; el Espíritu Santo procede desde la eternidad del Padre y del Hijo. Al Padre se le atribuye especialmente la obra de la creación; al Hijo, la obra de la redención; al Espíritu Santo, la obra de la santificación.

315 Sal 2.7 Tú eres mi hijo. En este día te he engendrado.

316 Jn 15.26 Pero cuando venga el Consolador, el Espíritu de verdad, el cual procede del Padre y a quien yo les enviaré de parte del Padre, él dará testimonio acerca de mí.

317 Gl 4.6 Y por cuanto ustedes son hijos, Dios envió a sus corazones el Espíritu de su Hijo, el cual clama: "¡Abba, Padre!"

El Primer Artículo

La creación

Creo en Dios Padre todopoderoso, creador del cielo y de la tierra.

¿Qué quiere decir esto?

Creo que Dios me ha creado y también a todas las criaturas; que me ha dado cuerpo y alma, ojos, oídos y todos los miembros, la razón y todos los sentidos y aún los sostiene; además vestido y calzado, comida y bebida, casa y hogar, esposa e hijos, campos, ganado y todos los bienes; que me provee abundantemente y a diario de todo lo que necesito para sustentar este cuerpo y vida, me protege contra todo peligro y me guarda y preserva de todo mal; y todo esto por pura bondad y misericordia paternal y divina, sin que yo en manera alguna lo merezca, ni sea digno de ello. Por todo esto debo darle gracias, ensalzarlo, servirle y obedecerle. Esto es con toda certeza la verdad.

96. ***¿Por qué llamamos aquí Padre a la primera persona?***

A. Llamamos Padre a la primera persona porque él es el Padre de nuestro Señor Jesucristo y también nuestro Padre a través de la fe en Cristo.

318 **Mt 3.17** Desde los cielos se oyó entonces una voz, que decía: "Éste es mi Hijo amado, en quien me complazco."

319 **Jn 20.17** Jesús le dijo: "...subo a mi Padre y Padre de ustedes, a mi Dios y Dios de ustedes."

320 **Gl 3.26** Todos ustedes son hijos de Dios por la fe en Cristo Jesús.

B. Dios también es el Padre de todas las naciones porque él las ha creado. Hay una sola raza humana, porque todos los seres humanos son igualmente hijos de Adán y Eva y todos han sido igualmente redimidos por Cristo.

321 **Mal 2.10** ¿Acaso no tenemos todos un mismo padre? ¿Y acaso no nos ha creado un mismo Dios?

322 **Hch 17.26** De un solo hombre hizo a todo el género humano, para que habiten sobre la faz de la tierra, y les ha prefijado sus tiempos precisos y sus límites para vivir.

323 **1 Co 15.22** Pues así como en Adán todos mueren, también en Cristo todos serán vivificados.

324 **Ef 3.14-15** Por eso yo me arrodillo delante del Padre de nuestro Señor Jesucristo, de quien recibe su nombre toda familia en los cielos y en la tierra.

H.B. **Lc 15.11-32** El hijo pródigo. **Dios me ha creado a mí y a todas las demás criaturas**

97. ***¿Por qué llamamos a Dios Padre "creador del cielo y de la tierra"?***

Llamamos todopoderoso y creador al Padre porque en seis días por medio de su Palabra creó todas las cosas de la nada.

325 **Gn 1.1** Dios, en el principio, creó los cielos y la tierra.

326 **Sal 33.6, 9** Con su palabra, el Señor hizo los cielos; todo lo creado lo hizo con un soplo de su boca. ...El Señor habló, y todo fue creado; el Señor ordenó, y todo apareció.

327 **Heb 11.3** Por la fe entendemos que Dios creó el universo por medio de su palabra, de modo que lo que ahora vemos fue hecho de lo que no se veía.

H.B. **Gn 1-2** La creación.

98. ***¿Qué queremos decir por cielo y tierra?***

Cielo y tierra son todas las cosas, visibles e invisibles.

328 **Col 1.16** Por medio de él, Dios creó todo lo que hay en el cielo y en la tierra, tanto lo visible como lo invisible.

Los ángeles

99. ***¿Cuáles criaturas invisibles, creadas por Dios, son especialmente importantes para nosotros?***

Los ángeles.

Nota: Ángel significa "mensajero." Dios usó frecuentemente ángeles para anunciar eventos importantes en la historia de la salvación: El nacimiento de Juan el

Bautista **Lc 1.1-20**; el nacimiento de Jesús **Lc 1.26-38**; **Mt 1.18-21**; La resurrección de Jesús **Lc 24.4-7**; La ascensión y la segunda venida de Jesucristo **Hch 1.10-11**.

100. *¿Qué nos dice la Biblia acerca de los ángeles?*

A. Son seres espirituales que fueron creados santos.

329 **Gn 1.31** Y vio Dios todo lo que había hecho, y todo ello era bueno en gran manera. Cayó la tarde, y llegó la mañana. Ése fue el día sexto.

B. Algunos ángeles se rebelaron contra Dios. Se los llama diablos o demonios.

330 **2 P 2.4** Es un hecho que Dios no perdonó a los ángeles que pecaron, sino que los arrojó al infierno y los lanzó a oscuras prisiones, donde se les vigila para llevarlos a juicio.

C. Los ángeles buenos son numerosos y muy poderosos. Ellos sirven a Dios y nos ayudan.

331 **Dn 7.10** A su servicio estaba una multitud imposible de ser contada.

332 **Lc 2.13** En ese momento apareció, junto con el ángel, una multitud de las huestes celestiales, que alababan a Dios.

333 **Sal 103.20-21** ¡Bendigan al Señor, ustedes, ángeles poderosos que cumplen sus órdenes y obedecen su voz! ¡Bendigan al Señor todos sus ejércitos, todos ustedes, sus siervos, que cumplen su voluntad!

334 **Sal 91.11-12** El Señor mandará sus ángeles a ti, para que te cuiden en todos tus caminos. Ellos te llevarán en sus brazos, y no tropezarán tus pies con ninguna piedra.

335 **Heb 1.14** ¿Y acaso no son todos ellos espíritus ministradores, enviados para servir a quienes serán los herederos de la salvación?

H.B. **2 R 19.35** Un ángel dio muerte a 185.000 del ejército de Senaquerib.**2 R 6.15-17** Eliseo y su siervo fueron protegidos por las huestes celestiales. **Hch 12.5-11** Un ángel liberó a Pedro.

D. Los ángeles malos son también numerosos y poderosos los cuales, como enemigos declarados de Dios y del hombre, se esfuerzan en destruir la obra de Dios, especialmente la fe en Cristo.

336 **Mc 5.9** Jesús le preguntó: "¿Cómo te llamas?", y él respondió: "Me llamo Legión, porque somos muchos."

337 **Ef 6.12** La batalla que libramos no es contra gente de carne y hueso, sino contra principados y potestades, contra los que gobiernan las tinieblas de este mundo, ¡contra huestes espirituales de maldad en las regiones celestes!

338 **Mc 4.15** Algunos son como lo sembrado junto al camino. En ellos se siembra la palabra, pero enseguida, después de oírla, viene Satanás y les arrebata la palabra sembrada en su corazón.

339 **Jn 8.44** Ustedes son de su padre el diablo, y quieren cumplir con los deseos de su padre, quien desde el principio ha sido un homicida. No se mantiene en la verdad, porque no hay verdad en él. Cuando habla mentira, habla de lo que le es propio; porque es mentiroso y padre de la mentira.

340 **1 P 5.8-9** Sean prudentes y manténganse atentos, porque su enemigo es el diablo, y él anda como un león rugiente, buscando a quien devorar. Pero ustedes, manténganse firmes y háganle frente. Sepan que en todo el mundo sus hermanos están enfrentando los mismos sufrimientos.

H.B. **Gn 3.1-5** La serpiente sedujo a los primeros padres. **Job 2** Satanás afligió a Job para destruir su alma.**Mt 4.1-11** El diablo tentó a Jesús.

La humanidad

101. *¿Qué son los seres humanos?*

Los seres humanos son las más importantes criaturas visibles. Dios creó a Adán y Eva a su propia imagen, y les dio autoridad sobre toda la tierra.

341 **Gn 2.7** Del polvo de la tierra Dios el Señor formó al hombre, e infundió en su nariz aliento de vida. Así el hombre se convirtió en un ser con vida.

342 **Gn 1.26-28** Entonces dijo Dios: "¡Hagamos al hombre a nuestra imagen y semejanza! ¡Que domine en toda la tierra sobre los peces del mar, sobre las aves de los cielos y las bestias, y sobre todo animal que repta sobre la tierra!" Y Dios creó al hombre a su imagen. Lo creó a imagen de Dios. Hombre y mujer los creó. Y los bendijo Dios con estas palabras: "¡Reprodúzcanse, multiplíquense, y llenen la tierra! ¡Domínenla! ¡Sean los señores de los peces del mar, de las aves de los cielos, y de todos los seres que reptan sobre la tierra!"

343 **Mc 10.6** [Jesús les dijo:] "Pero, al principio de la creación, Dios los hizo hombre y mujer."

102. *¿Por qué decimos "Dios me ha creado"?*

Dios creó al primer hombre y a la primera mujer, y Dios ha creado a cada uno de nosotros.

344 **Gn 1.28** Y los bendijo Dios con estas palabras: "¡Reprodúzcanse, multiplíquense, y llenen la tierra! ¡Domínenla! ¡Sean los señores de los peces del mar, de las aves de los cielos, y de todos los seres que reptan sobre la tierra!"

345 **Sal 139.13** ¡Tú, Señor, diste forma a mis entrañas; tú me formaste en el vientre de mi madre!

346 **Jer 1.5** Antes de que yo te formara en el vientre, te conocí.

103. *¿Cómo dio Dios vida al hombre y a todas las criaturas?*

Dios creó todos los seres vivientes, plantas y animales de la nada, solamente por su Palabra. Luego creó a la humanidad de una manera especial, del polvo, y le dio su propio aliento como vida.

347 **Gn 2.7** Entonces, del polvo de la tierra Dios el Señor formó al hombre, e infundió en su nariz aliento de vida. Así el hombre se convirtió en un ser con vida.

348 **Sal 139.14** Te alabo porque tus obras son formidables, porque todo lo que haces es maravilloso. ¡De esto estoy plenamente convencido!

104. ***¿Cuál plan usa Dios para la reproducción de los seres vivientes?***
Dios ha creado todos los seres vivientes (animales, plantas y seres humanos) para que se reproduzcan "según su especie". Ellos sólo pueden reproducir seres vivientes como ellos.

349 **Gn 1.21** Dios creó entonces los grandes monstruos marinos, y todo ser vivo que repta y que las aguas produjeron según su género, y todo animal alado según su especie. Y vio Dios que era bueno.

350 **Gn 1.24** Luego dijo Dios: "¡Que produzca la tierra seres vivos según su género; y bestias, serpientes y animales terrestres según su especie!"

105. ***¿Qué decimos los cristianos con respecto a la teoría de la evolución en relación al comienzo del mundo?***
Por fe los cristianos creemos lo que la palabra de Dios enseña con respecto a la creación. La teoría de la evolución no se puede comprobar científicamente.

351 **Heb 11.3** Por la fe entendemos que Dios creó el universo por medio de su palabra, de modo que lo que ahora vemos fue hecho de lo que no se veía.

352 **2 P 3.5-6** Pero con toda intención se olvidan de que, desde la antigüedad, fueron creados los cielos por la palabra de Dios, lo mismo que la tierra, la cual proviene del agua y subsiste por medio del agua. Por eso el mundo de entonces fue destruido por una inundación.

353 **1 Ti 6.20-21** Timoteo, guarda lo que se te ha encomendado. Evita las pláticas profanas acerca de cosas vanas, y los argumentos de la falsamente llamada ciencia, la cual algunos profesaron y se desviaron de la fe.

106. ***¿En qué consistía la imagen divina?***
La imagen de Dios consistía en que:

A. Adán y Eva conocían a Dios como él deseaba ser conocido y eran felices en él.

354 **Col 3.10** [Ustedes] se han revestido de la nueva naturaleza, la naturaleza del nuevo hombre, que se va renovando a imagen del que lo creó hasta el pleno conocimiento.

B. Ellos eran justos y santos, haciendo la voluntad de Dios.

355 **Ef 4.24** Revístanse de la nueva naturaleza, creada en conformidad con Dios en la justicia y santidad de la verdad.

107. ***¿Poseemos todavía esa imagen de Dios?***
No, la imagen de Dios se perdió en la caída en pecado de Adán; su mente y su voluntad perdieron la habilidad de conocer y agradar a Dios; y aun cuando Dios empieza a renovarla en los creyentes, no será restituida plenamente hasta la vida eterna.

356 **Gn 3.8-10** El hombre y su mujer oyeron la voz de Dios el Señor, que iba y venía por el huerto, con el viento del día; entonces corrieron a esconderse entre los árboles del huerto, para huir de la presencia de Dios el Señor. Pero Dios el Señor llamó al hombre y le dijo: "¿Dónde andas?" Y él respondió: "Oí tu voz en el huerto, y tuve miedo, pues estoy desnudo. Por eso me escondí."

357 **Gn 5.3** Y Adán vivió ciento treinta años, y engendró un hijo a su imagen y semejanza, y le puso por nombre Set.

358 **1 Co 2.14** Pero el hombre natural no percibe las cosas que son del Espíritu de Dios, porque para él son una locura; y tampoco las puede entender, porque tienen que discernirse espiritualmente.

359 **Sal 17.15** A mí me bastará con ver tu rostro de justicia; ¡satisfecho estaré al despertar y contemplarte!

Dios todavía cuida a todas las criaturas

108. *¿Cómo depende todavía el universo de Dios?*

Dios sostiene todas las cosas por su sabiduría y poder.

360 **Sal 36.6** ¡Tú, Señor, cuidas de hombres y animales!

361 **Sal 147.4** El Señor creó todas la estrellas del cielo, y a cada una le puso nombre.

362 **Heb 1.3** Él es el resplandor de la gloria de Dios. Es la imagen misma de lo que Dios es. Él es quien sustenta todas las cosas con la palabra de su poder.

363 **Col 1.17** Él [Cristo] existía antes de todas las cosas, y por él se mantiene todo en orden.

109. *¿Por qué hay maldad y sufrimiento en este mundo?*

En este mundo hay maldad y sufrimiento por el pecado. Pero en el sufrimiento, muerte y resurrección de Jesucristo, Dios ha demostrado su poder sobre el pecado y la muerte. Dios en su infinito poder y amor hace que todas las cosas trabajen para el bien de los que lo aman.

364 **Ro 6.23** Porque la paga del pecado es muerte, pero la dádiva de Dios es vida eterna en Cristo Jesús, nuestro Señor.

365 **Ro 8.28** Ahora bien, sabemos que Dios dispone todas las cosas para el bien de los que lo aman, es decir, de los que él ha llamado de acuerdo a su propósito.

366 **Ro 8.37** En todo esto somos más que vencedores por medio de aquel que nos amó.

110. *¿Qué hace Dios para sostenerte?*

A. Dios me da comida y ropa, familia y hogar, trabajo y entretenimiento, y todo lo que necesito cada día.

367 **Sal 145.15-16** Todos fijan en ti su mirada, y tú les das su comida a su tiempo. Cuando abres tus manos, colmas de bendiciones a todos los seres vivos.

368 **1 P 5.7** Descarguen en él todas sus angustias, porque él tiene cuidado de ustedes.

H.B.**Gn 9.1-3** Dios prometió sostener a Noé y a sus descendientes. **Dt 8.3-4** Dios sostuvo milagrosamente a Israel en el desierto. **1 R 17** Dios proveyó de comida a Elías, la viuda y su hijo. Ver **Salmos 37** y **104**.

B. Dios me protege de todo peligro, y me guarda y preserva de todo mal.

369 **Gn 50.20** Ustedes pensaron hacerme mal, pero Dios cambió todo para bien, para hacer lo que hoy vemos, que es darle vida a mucha gente.

370 **Sal 31.15** Mi vida está en tus manos.

371 **Mt 10.29-30** ¿Acaso no se venden dos pajarillos por unas cuantas monedas? Aun así, ni uno de ellos cae a tierra sin que el Padre de ustedes lo permita, pues aun los cabellos de ustedes están todos contados.

H.B. **Gn 19** Dios salvó a Lot de la destrucción de Sodoma. **Ex 13.14** Dios libró a Israel de la esclavitud y los guió y protegió en su camino. Ver también **Salmos 37** y **73**.

111. *¿Por qué hace Dios todo esto por ti?*

Todo esto lo hace por su bondad y misericordia divina y paternal, sin que yo lo merezca, ni sea digno de ello.

372 **Gn 32.10** Yo soy menor que todas las misericordias y que toda la verdad con que has tratado a este siervo tuyo.

373 **Sal 103.13** El Señor se compadece de los que le honran con la misma compasión del padre por sus hijos.

H.B. **Lc 7.6-7** El oficial romano confesó no ser digno de la bondad de Dios.

112. *¿Qué debes a tu Padre celestial por todo esto?*

Es nuestro deber:

A. Darle gracias y alabarle, servirle y obedecerle.

374 **Sal 116.12** ¿Cómo podré pagar al Señor todo el bien que me ha hecho?

375 **Sal 118.1** Den gracias al Señor, porque él es bueno, porque su amor es eterno.

B. Cuidar y ser buenos administradores de su creación.

376 **Gn 2.15** Dios el Señor puso al hombre en el jardín de Edén para que lo cultivara y lo cuidara.

Nota: Somos buenos administradores cuando no contaminamos el aire, el suelo y el agua; cuando cuidadosamente nos despojamos de los desperdicios; cuando usamos y no malgastamos nuestros recursos naturales; cuando conservamos y no malgastamos energía; reciclamos y volvemos a usar materiales cada vez que esto sea posible y valoramos y cuidamos de toda la creación de Dios.

113. *¿Por qué concluimos la explicación del primer artículo con las palabras: "Esto es con toda certeza la verdad"?*

Todo lo que confieso en este artículo está enseñado en forma sencilla en la Sagrada Escritura, por lo tanto lo creo firmemente.

El Segundo Artículo

La redención

[Creo] en Jesucristo, su único Hijo, nuestro Señor; que fue concebido por obra del Espíritu Santo, nació de la virgen María; padeció bajo el poder de Poncio Pilatos, fue crucificado, muerto y sepultado; descendió a los infiernos; al tercer día resucitó de entre los muertos; subió a los cielos y está sentado a la diestra de Dios Padre todopoderoso; y desde allí ha de venir a juzgar a los vivos y a los muertos.

¿Qué quiere decir esto?

Creo que Jesucristo, verdadero Dios, engendrado del Padre en la eternidad, y también verdadero hombre, nacido de la virgen María, es mi Señor, que me ha redimido a mí, hombre perdido y condenado, y me ha rescatado y librado de todos mis pecados, de la muerte y del poder del diablo, no con oro o plata, sino con su santa y preciosa sangre y con su inocente pasión y muerte; y todo esto lo hizo para que yo sea suyo y viva bajo él en su reino, y le sirva en justicia, inocencia y bienaventuranza eternas, así como él resucitó de la muerte y vive y reina eternamente. Esto es con toda certeza la verdad.

Los nombres Jesús y Cristo

114. ***¿De quién trata el segundo artículo?***

El segundo artículo trata de Jesucristo, su persona y su obra.

115. ***¿Por qué se le llama Jesús?***

El nombre Jesús significa: "el Señor salva." Jesús es su nombre personal.

377 **Mt 1.21** María tendrá un hijo, a quien pondrás por nombre JESÚS, porque él salvará a su pueblo de sus pecados.

378 **Jn 4.42** Sabemos, que éste es verdaderamente el Salvador del mundo.

379 **Hch 4.12** En ningún otro hay salvación, porque no se ha dado a la humanidad ningún otro nombre bajo el cielo mediante el cual podamos alcanzar la salvación.

116. ***¿Por qué se le llama Cristo?***

El título Cristo (griego) o Mesías (hebreo) significa "el ungido". Jesús fue ungido con el Espíritu Santo sin medida, para ser nuestro profeta, sacerdote y rey.
Nota: El ungimiento era el ritual que se usaba para apartar a profetas, sacerdotes y reyes para una tarea especial.

380 **Sal 45.7** Porque amas la justicia y odias la maldad, Dios, tu Dios, te ha ungido como rey; ha derramado en ti el perfume de alegría; ¡te eligió a ti, y no a tus compañeros!

381 **Jn 3.34** Porque el enviado de Dios habla las palabras de Dios; pues Dios no da el Espíritu por medida.

382 **Hch 10.38** Dios ungió a Jesús de Nazaret con el Espíritu Santo y con poder.

Nota: Los siguientes son otros nombres con los cuales también se conoce a Jesucristo: Ángel de Dios **Ex 14.19**; Redentor **Is 59.20**; Emanuel **Mt 1.23**; Hijo del Dios viviente **Mt 16.16**; Hijo del hombre **Mt 25.31**; el Verbo **Jn 1.14**; Señor **Jn 20.28** Sus nombres son, dicho simplemente, el evangelio.

117. ***¿Qué significa tu confesión "Creo en Jesucristo"?***

Significa que acepto y confío en Jesucristo como a mi único Salvador del pecado, la muerte y el diablo y que creo que él me da la vida eterna.

383 **Jn 17.3** Y ésta es la vida eterna: que te conozcan a ti, el único Dios verdadero, y a Jesucristo, a quien has enviado.

384 **Jn 3.36** El que cree en el Hijo tiene vida eterna, pero el que se niega a creer en el Hijo no verá la vida, sino que la ira de Dios recae sobre él.

385 **2 Ti 1.12** Sé a quién he creído, y estoy seguro de que él es poderoso para guardar mi depósito para aquel día.

386 **Ro 10.10** Porque con el corazón se cree para alcanzar la justicia, pero con la boca se confiesa para alcanzar la salvación.

Las dos naturalezas de Jesucristo

118. ***¿Quién es Jesucristo?***

Jesucristo es verdadero Dios, engendrado del Padre en la eternidad, y también verdadero hombre, nacido de la virgen María.

119. ***¿Por qué creemos que Jesucristo es verdadero Dios?***

Las Sagradas Escrituras claramente lo llaman Dios y enseñan que:

A. Jesús tiene nombres divinos.

387 **Jn 20.28** Tomás entonces respondió y le dijo: "¡Señor mío, y Dios mío!"

388 **Ro 9.5** De ellos son los patriarcas, y de ellos, desde el punto de vista humano, vino Cristo, el cual es Dios sobre todas las cosas. ¡Bendito sea por siempre! Amén.

389 **1 Jn 5.20** Éste es el verdadero, Dios y la vida eterna.

Nota: Éstos no son simplemente títulos honorarios, sino muestran exactamente quien es Jesús, y pueden ser verdaderos sólo de Dios.

B. Jesús posee atributos divinos (cualidades o características). Él es

1. eterno (sin principio ni fin);

390 **Jn 1.1-2** En el principio ya existía la Palabra. La Palabra estaba con Dios, y Dios mismo era la Palabra. La Palabra estaba en el principio con Dios.

2. inmutable (no cambia);

391 **Heb 13.8** Jesucristo es el mismo ayer, hoy, y por los siglos.

3. todopoderoso (omnipotente);

392 **Mt 28.18** Toda autoridad me ha sido dada en el cielo y en la tierra.

4. todo lo sabe (omnisciente);

393 **Jn 21.17** Señor, tú lo sabes todo.

5. presente en todo lugar (omnipresente);

394 **Mt 28.20** Yo estaré con ustedes todos los días, hasta el fin del mundo.

H.B. **Lc 5.4-6; Jn 21.6** La pesca milagrosa.**Jn 1.48** Jesús conoce el nombre y el carácter de Natanael. **Jn 4.17-18** Jesús y la mujer junto al pozo de Jacob.

Nota: Ver **Mt 21.1-7**; **26.20-25**; **Lc 18.31-33**; **22.8-13**.

C. Jesús hace obras divinas (que solamente Dios puede hacer).

1. Él perdona.

395 **Mt 9.6** El Hijo del hombre tiene autoridad en la tierra para perdonar pecados.

2. Él creó todas las cosas.

396 **Jn 1.3** Por ella (la Palabra) fueron hechas todas las cosas. Sin ella nada fue hecho de lo que ha sido hecho.

3. Él juzgará.

397 **Jn 5.27** [El Padre] le dio autoridad de hacer juicio.

4. Él preserva todas las cosas.

398 **Heb 1.3** Él es quien sustenta todas las cosas con la palabra de su poder.

H.B. **Jn 2.1-11** En las bodas de Caná Jesús reveló su gloria convirtiendo el agua en vino. **Lc 8.22-25** Jesús calmó la tempestad con una sola palabra. **Mt 9.1-8** Jesús sanó al paralítico y le perdonó los pecados. **Jn 11.38-44** Jesús resucitó a Lázaro. **Mt 28.6-7** Jesús resucitó de la muerte.

D. Jesús recibe honor y gloria divinas.

399 **Jn 5.22-23** El Padre no juzga a nadie, sino que todo el juicio se lo ha dado al Hijo, para que todos honren al Hijo tal y como honran al Padre. El que no honra al Hijo, no honra al Padre que lo envió.

400 **Heb 1.6** Que lo adoren todos los ángeles de Dios.

Nota: Ver **Fil 2.10**; **Ap 5.12-13**.

120. ***¿Por qué creemos que Jesucristo es también verdadero hombre?***

Porque las Sagradas Escrituras:

A. expresamente llaman a Jesucristo hombre;

401 **1 Ti 2.5** Hay un solo Dios, y un solo mediador entre Dios y los hombres, que es Jesucristo hombre.

B. le atribuyen cuerpo y alma;

402 **Lc 24.39** ¡Miren mis manos y mis pies! ¡Soy yo! Tóquenme y véanme: un espíritu no tiene carne ni huesos, como pueden ver que los tengo yo.

403 **Mt 26.38** Siento en el alma una tristeza de muerte.

C. habla de sus emociones y acciones humanas pero sin pecado.

404 **Mt 4.2** Tuvo hambre.

405 **Jn 11.35** Jesús lloró.

406 **Jn 19.28** Tengo sed.

407 **Heb 4.14-16** Por lo tanto, y ya que en Jesús, el Hijo de Dios, tenemos un gran sumo sacerdote que traspasó los cielos, retengamos nuestra profesión de fe. Porque no tenemos un sumo sacerdote que no pueda compadecerse de nuestras debilidades, sino uno que fue tentado en todo de la misma manera que nosotros, aunque sin pecado. Por tanto, acerquémonos confiadamente al trono de la gracia, para alcanzar misericordia y hallar gracia para cuando necesitemos ayuda.

H.B. **Mt 26-27** Jesús sufrió y murió. **Mc 4.38** Jesús durmió. **Lc 2** Jesús nació.

121. ***¿Qué dos naturalezas están, pues, unidas en la persona de Cristo?***

Las naturalezas divina y humana están unidas en Cristo Jesús. Esta unión personal comenzó cuando él se hizo hombre (la encarnación) y continúa para siempre.

408 **Jn 1.14** Y la Palabra se hizo carne, y habitó entre nosotros, y vimos su gloria (la gloria que corresponde al unigénito del Padre), llena de gracia y de verdad.

409 **1 Ti 3.16** Indiscutiblemente, el misterio de la piedad es grande: Dios fue manifestado en carne.

410 **Col 2.9** Porque en él habita corporalmente toda la plenitud de la Deidad.

411 **Is 9.6** Porque un niño nos ha nacido, ¡un hijo nos ha sido concedido! Sobre sus hombros llevará el principado, y su nombre será "Consejero admirable", "Dios fuerte", "Padre Eterno" y "Príncipe de paz".

412 **Mt 28.18** Toda autoridad me ha sido dada en el cielo y en la tierra.

413 **Mt 28.20** Yo estaré con ustedes todos los días, hasta el fin del mundo.

414 **Hch 3.15** Mataron al Autor de la vida.

415 **1 Jn 1.7** La sangre de Jesús, su Hijo, nos limpia de todo pecado.

416 **Hch 20.28** El Espíritu Santo los ha puesto como obispos, para que cuiden de la iglesia del Señor, que el ganó por su propia sangre.

122. ***¿Por qué era necesario que nuestro Salvador fuera verdadero hombre?***

Cristo tenía que ser verdadero hombre para

A. como nuestro sustituto, poder cumplir la ley de Dios en lugar nuestro (obediencia activa);

417 **Gl 4.4-5** Pero cuando se cumplió el tiempo señalado, Dios envió a su Hijo, que nació de una mujer y sujeto a la ley, para que redimiera a los que estaban sujetos a la ley, a fin de que recibiéramos la adopción de hijos.

418 **Ro 5.19** Porque así como por la desobediencia de un solo hombre muchos fueron constituidos pecadores, así también por la obediencia de uno solo muchos serán constituidos justos.

B. poder sufrir y morir por nuestra culpa porque no habíamos cumplido la ley (obediencia pasiva).

419 **Col 1.21-22** [Dios] Los ha reconciliado completamente en su cuerpo físico, por medio de la muerte, para presentárselos a sí mismo santos, sin mancha e irreprensibles.

420 **Heb 2.14** Así como los hijos eran de carne y hueso, también él era de carne y hueso, para que por medio de la muerte destruyera al que tenía el dominio sobre la muerte, es decir, al diablo.

123. ***¿Por qué era necesario que nuestro Salvador fuera verdadero Dios?***

Nuestro Salvador necesitaba ser verdadero Dios para

A. poder rescatar a toda la humanidad por medio del cumplimiento de la ley, su vida, sufrimiento, muerte y resurrección;

421 **Sal 49.7** ¡Ninguno de ellos puede salvar a su hermano, ni dar nada a Dios a cambio de su vida!

422 **Mc 10.45** Porque ni siquiera el Hijo del Hombre vino para ser servido, sino para servir y para dar su vida en rescate por muchos.

423 **Ro 3.23-24** Todos pecaron y están destituidos de la gloria de Dios; pero son justificados gratuitamente por su gracia, mediante la redención que proveyó Cristo Jesús.

424 **Gl 3.13** Cristo nos redimió de la maldición de la ley, y por nosotros se hizo maldición.

425 **Gl 4.4-5** Cuando se cumplió el tiempo señalado, Dios envió a su Hijo, que nació de una mujer y sujeto a la ley, para que redimiera a los que estaban sujetos a la ley, a fin de que recibiéramos la adopción de hijos.

426 **1 P 1.18-19** Ustedes saben que fueron rescatados de una vida sin sentido, la cual heredaron de sus padres; y que ese rescate no se pagó con cosas corruptibles, como el oro y la plata, sino con la sangre preciosa de Cristo, sin mancha y sin contaminación, como la de un cordero.

B. poder vencer por nosotros a la muerte y al diablo.

427 **1 Co 15.57** ¡Pero gracias sean dadas a Dios, de que nos da la victoria por medio de nuestro Señor Jesucristo!

428 **2 Ti 1.10** Nuestro Salvador Jesucristo... quitó la muerte.

429 **Heb 2.14** Así como los hijos eran de carne y hueso, también él era de carne y hueso, para que por medio de la muerte destruyera al que tenía el dominio sobre la muerte, es decir, al diablo.

124. ***¿Qué confesamos entonces acerca de Jesucristo, el Dios-hombre?***

Creo que Jesucristo es mi Señor y Redentor, al cual amo y sirvo con mi vida entera.

430 **1 Co 6.20** El precio de ustedes ya ha sido pagado. Por lo tanto, den gloria a Dios.

H.B. **Jn 20.24-29** La confesión de Tomás.

El oficio de Cristo

125. ***¿Para qué triple oficio fue ungido Cristo?***

Cristo fue ungido para ser nuestro profeta, sacerdote, y rey.

A. Como profeta, Cristo,

1. durante su vida en la tierra predicó personalmente y verificó su palabra por medio de milagros y en especial por medio de su resurrección.

431 **Dt 18.15** El Señor tu Dios hará que surja en medio de ti, de entre tus hermanos, un profeta como yo. A él deberán escuchar.

432 **Mt 17.5** Éste es mi Hijo amado, en quien me complazco. ¡Escúchenlo!

433 **Mc 1.38** Vayamos a las aldeas vecinas, para que también allí predique, porque para esto he venido.

434 **Jn 1.17-18** La ley fue dada por medio de Moisés, pero la gracia y la verdad vinieron

por medio de Jesucristo. A Dios nadie lo vio jamás; quien lo ha dado a conocer es el Hijo unigénito, que está en el seno del Padre.

435 **Jn 6.68** Simón Pedro le respondió: “Señor, ¿a quién iremos? Tú tienes palabras de vida eterna.”

2. por medio de la predicación del evangelio, aún hoy en día, se proclama a sí mismo, como el Hijo de Dios y el Redentor del mundo.

436 **Mc 16.15** Y les dijo: “Vayan por todo el mundo y prediquen el evangelio a toda criatura.”

437 **Lc 10.16** El que los escucha a ustedes, me escucha a mí. El que los rechaza a ustedes, me rechaza a mí; y el que me rechaza a mí, rechaza al que me envió.

438 **2 Co 5.20** Así que somos embajadores en nombre de Cristo, y como si Dios les rogara a ustedes por medio de nosotros, en nombre de Cristo les rogamos: "Reconcíliense con Dios".

B. Como sacerdote, Cristo,

1. cumplió perfectamente la ley en nuestro lugar (obediencia activa);

439 **Gl 4.4-5** Cuando se cumplió el tiempo señalado, Dios envió a su Hijo, que nació de una mujer y sujeto a la ley, para que redimiera a los que estaban sujetos a la ley, a fin de que recibiéramos la adopción de hijos.

2. se sacrificó a sí mismo por nuestros pecados (obediencia pasiva);

440 **1 Co 15.3** Conforme a las Escrituras, Cristo murió por nuestros pecados.

441 **Heb 7.26-27** Jesús es el sumo sacerdote que necesitábamos tener: santo, inocente, sin mancha, apartado de los pecadores, y exaltado por encima de los cielos. No es como los otros sumos sacerdotes, que diariamente tienen que ofrecer sacrificios, primero por sus propios pecados y luego por los del pueblo. Jesús hizo esto una sola vez y para siempre, cuando se ofreció a sí mismo.

442 **1 Jn 2.2** Y él es la propiciación por nuestros pecados; y no solamente por los nuestros, sino también por los de todo el mundo.

3. y aún está intercediendo continuamente por todos nosotros ante el Padre celestial.

443 **1 Jn 2.1** Si alguno ha pecado, tenemos un abogado ante el Padre, a Jesucristo el justo.

C. Como rey, Cristo,

1. reina poderosamente sobre toda la creación (el reino de poder—todas las criaturas);

444 **Mt 28.18** Toda autoridad me ha sido dada en el cielo y en la tierra.

2. gobierna y protege especialmente su iglesia (el reino de gracia—la iglesia en la tierra);

445 **Jn 18.36-37** Respondió Jesús: "Mi reino no es de este mundo. Si mi reino fuera de este mundo, mis servidores lucharían para que yo no fuera entregado a los judíos. Pero mi reino no es de aquí." Le dijo entonces Pilato: "¿Así que tú eres rey?" Respondió Jesús: "Tú dices que yo soy rey. Yo para esto he nacido, y para esto he venido al mundo: para dar testimonio de la verdad. Todo aquel que es de la verdad, oye mi voz."

3. finalmente lleva su iglesia a la gloria en el cielo (el reino de gloria—la iglesia en el cielo).

446 **2 Ti 4.18** Y el Señor me librará de toda obra mala, y me preservará para su reino celestial. A él sea la gloria por los siglos de los siglos. Amén.

El Salvador en el estado de humillación

126. *¿Qué dos estados distinguen las Escrituras en la obra salvadora de Cristo?*

A. El estado de humillación

B. El estado de exaltación

127. ***¿En qué consiste el estado de humillación?***
En su estado de humillación, Cristo, como hombre, no usó siempre ni completamente, sus poderes divinos.

447 **Fil 2.5-8** Que haya en ustedes el mismo sentir que hubo en Cristo Jesús, quien, siendo en forma de Dios, no estimó el ser igual a Dios como cosa a que aferrarse, sino que se despojó a sí mismo y tomó forma de siervo, y se hizo semejante a los hombres; y estando en la condición de hombre, se humilló a sí mismo y se hizo obediente hasta la muerte, y muerte de cruz.

H.B. **Jn 2.1-11** La boda de Caná.**Jn 11.38-44** La resurrección de Lázaro.**Jn 18.1-6** Muestras de la gloria oculta.

128. ***¿Con qué palabras describe el segundo artículo el estado de humillación?***
"Fue concebido por obra del Espíritu Santo, nació de la virgen María; padeció bajo el poder de Poncio Pilatos, fue crucificado, muerto y sepultado."

129. ***¿Qué enseñan las Sagradas Escrituras sobre la concepción de Cristo?***
Ellas enseñan que por la obra milagrosa del Espíritu Santo, no por mediación de padre humano, Cristo el Hijo de Dios, fue concebido como verdadero ser humano en la virgen María.

448 **Lc 1.35** El Espíritu Santo vendrá sobre ti, y el poder del Altísimo te cubrirá con su sombra. Por eso el Santo Ser que nacerá será llamado Hijo de Dios.

449 **Mt 1.20** José, hijo de David, no temas recibir a María, tu mujer, porque su hijo ha sido concebido por el Espíritu Santo.

130. ***¿Qué enseñan las Sagradas Escrituras sobre el nacimiento de Cristo?***
Ellas enseñan que Cristo el Dios-hombre nació de la virgen María.

450 **Is 7.14** La joven concebirá, y dará a luz un hijo, y le pondrá por nombre Emanuel. (Ver también Mt 1.23).

451 **Lc 2.7** y allí tuvo a su hijo primogénito; y lo envolvió en pañales, y lo acostó en un pesebre, porque no había lugar para ellos en ese albergue.

H.B. **Mt 1.18-25** El nacimiento virginal.

131. ***¿Qué declaran las Sagradas Escrituras sobre la vida, los sufrimientos y la muerte de Cristo?***
Las Escrituras enseñan que Cristo

A. en su vida terrenal padeció pobreza, insultos y persecución;

452 **2 Co 8.9** Por amor a ustedes, siendo rico se hizo pobre, para que con su pobreza ustedes fueran enriquecidos.

453 **Mt 8.20** Las zorras tienen guaridas, y las aves del cielo tienen nidos, pero el Hijo del Hombre no tiene dónde recostar su cabeza.

454 **Is 53.3** Será despreciado y desechado por la humanidad entera. Será el hombre más sufrido, el más experimentado en el sufrimiento. ¡Y nosotros no le daremos la cara! ¡Será menospreciado! ¡No lo apreciaremos!

455 **Jn 8.40** Pero ahora intentan matarme; a mí, que les he dicho la verdad, la cual he escuchado de Dios.

H.B. **Lc 2.7** A la hora de su nacimiento Jesús fue envuelto en pañales y acostado en un pesebre. **Mt 2.13** Herodes trató de matarlo, pero Jesús escapó a Egipto. **Lc 4.29** En Nazaret la gente trató de tirarlo de la cumbre de un monte. **Jn 8.59** Los judíos querían apedrearlo en el templo.

B. bajo el poder de Poncio Pilatos, padeció indecibles tormentos en su cuerpo y en su alma;

456 **Jn 19.1-3** Entonces Pilato tomó a Jesús y lo azotó. Y los soldados tejieron una corona de espinas, se la pusieron sobre la cabeza, y lo vistieron con un manto de púrpura; y le decían: "¡Salve, Rey de los judíos!", y le daban de bofetadas

H.B. **Mc 15.1-20** El sufrimiento de Cristo.

C. murió en la cruz en medio de agonía extremadamente dolorosa.

457 **Jn 19.16-18** Entonces Pilato se lo entregó a ellos, para que lo crucificaran. Y ellos tomaron a Jesús y se lo llevaron. Con su cruz a cuestas, Jesús salió al llamado "Lugar de la Calavera", que en hebreo es "Gólgota", y allí lo crucificaron. Con él estaban otros dos, uno a cada lado suyo, y Jesús en medio de ellos.

458 **Mt 27.46** Cerca de las tres de la tarde, Jesús clamó a gran voz. Decía: "Elí, Elí, ¿lema sabactani?", es decir, "Dios mío, Dios mío, ¿por qué me has desamparado?"

459 **Jn 19.30** Luego inclinó la cabeza y entregó el espíritu.

H.B. **Mc 15.21-41** La muerte de Cristo.

132. *¿Qué dicen las Sagradas Escrituras acerca de la sepultura de Cristo?*

Ellas dicen que el sagrado cuerpo de Cristo fue sepultado, permaneciendo en la tumba hasta el tercer día sin corromperse.

460 **Hch 13.37** El cuerpo de Jesús no se corrompió, porque Dios lo resucitó.

H.B. **Mc 15.42-47** El entierro de Cristo

La obra de Jesucristo de redención o expiación

133. *¿Por qué se humilló Cristo a sí mismo?*

Cristo se humilló voluntariamente para redimirme a mí, que estaba perdido y condenado.

461 **Is 53.4-5** Con todo, él llevará sobre sí nuestros males, y sufrirá nuestros dolores, mientras nosotros creeremos que Dios lo ha azotado, lo ha herido y humillado. Pero él será herido por nuestros pecados; ¡molido por nuestras rebeliones! Sobre él vendrá el castigo de nuestra paz, y por su llaga seremos sanados.

462 **Jn 10.17-18** El Padre me ama porque yo doy mi vida para volverla a recibir. Nadie me quita la vida, sino que yo la doy por mi propia voluntad. Tengo el derecho de darla y de volver a recibirla. Esto es lo que me ordenó mi Padre.

134. ***¿De qué te ha redimido Cristo?***
Cristo me ha rescatado y ganado de todos los pecados, de la muerte y del poder del diablo.

463 Jn 1.29 Éste es el Cordero de Dios, que quita el pecado del mundo.

464 Heb 2.14-15, 17 Así como los hijos eran de carne y hueso, también él era de carne y hueso, para que por medio de la muerte destruyera al que tenía el dominio sobre la muerte, es decir, al diablo, y de esa manera librara a todos los que, por temor a la muerte, toda su vida habían estado sometidos a esclavitud. Por eso le era necesario ser semejante a sus hermanos en todo: para que llegara a ser un sumo sacerdote misericordioso y fiel en lo que a Dios se refiere, y expiara los pecados del pueblo.

135. ***¿En qué sentido te ha redimido Cristo de todos los pecados?***

A. Cristo tomó sobre sí mi culpa y mi castigo;

465 Ro 5.19 Por la obediencia de uno solo muchos serán constituidos justos.

466 2 Co 5.21 Al que no cometió ningún pecado, por nosotros Dios lo hizo pecado, para que en él nosotros fuéramos hechos justicia de Dios.

467 Gl 3.13 Cristo nos redimió de la maldición de la ley, y por nosotros se hizo maldición (porque está escrito: "Maldito todo el que es colgado en un madero").

B. Cristo me ha librado de la esclavitud del pecado.

468 Jn 8.34, 36 De cierto, de cierto les digo, que todo aquel que comete pecado, esclavo es del pecado... Así que, si el Hijo los liberta, serán verdaderamente libres.

469 1 P 2.24 Él mismo llevó en su cuerpo nuestros pecados al madero, para que nosotros, muertos ya al pecado, vivamos para la justicia. Por sus heridas fueron ustedes sanados.

136. ***¿En qué sentido te ha redimido Cristo de la muerte?***
A través de su sufrimiento, muerte y resurrección, Cristo ha triunfado sobre la muerte. Ya no necesito tener miedo a la muerte temporal, puesto que Cristo ahora me da vida eterna.

470 1 Co 15.55-57 ¿Dónde está, oh muerte, tu aguijón? ¿Dónde, oh sepulcro, tu victoria? Porque el pecado es el aguijón de la muerte, y la ley es la que da poder al pecado. ¡Pero gracias sean dadas a Dios, de que nos da la victoria por medio de nuestro Señor Jesucristo!

471 2 Ti 1.10 pero que ahora ha sido manifestada por la aparición de nuestro Salvador Jesucristo, quien quitó la muerte y sacó a la luz la vida y la inmortalidad por medio del evangelio.

472 1 P 1.3 Bendito sea el Dios y Padre de nuestro Señor Jesucristo, que por su gran misericordia y mediante la resurrección de Jesucristo nos ha hecho nacer de nuevo a una esperanza viva.

137. ***¿En qué sentido te ha redimido Cristo del poder del diablo?***
Cristo venció totalmente al diablo de tal manera que éste ya no puede acusarme más por mis pecados y puedo resistir victoriosamente sus tentaciones.

473 **Gn 3.15** Yo pondré enemistad entre la mujer y tú, y entre su descendencia y tu descendencia; ella te herirá en la cabeza, y tú le herirás en el talón.

474 **1 Jn 3.8** Para esto se ha manifestado el Hijo de Dios: para deshacer las obras del diablo.

475 **Stg 4.7** Opongan resistencia al diablo, y él huirá de ustedes.

Nota: Ver también **Ro 8.31-34; Col 2.15; Heb 2.14-15; 1 P 5.8-9; Ap 12.10**

138. ***¿Con qué te ha redimido Cristo?***
Cristo me ha redimido, no con oro o plata, sino con su santa y preciosa sangre y con su inocente pasión y muerte.

476 **Is 53.5** Por su llaga seremos sanados.

477 **1 P 1.18-19** Ustedes saben que fueron rescatados de una vida sin sentido, la cual heredaron de sus padres; y que ese rescate no se pagó con cosas corruptibles, como el oro y la plata, sino con la sangre preciosa de Cristo, sin mancha y sin contaminación, como la de un cordero.

478 **1 Jn 1.7** La sangre de Jesús, su Hijo, nos limpia de todo pecado.

139. ***¿Cómo te beneficia esta obra de redención?***
Cristo fue mi sustituto. Él tomó mi lugar en el juicio de Dios contra el pecado. De este modo, al pagar el castigo de mi culpa, Cristo expió o hizo satisfacción por mis pecados (expiación vicaria).

479 **Is 53.4-5** Con todo, él llevará sobre sí nuestros males, y sufrirá nuestros dolores, mientras nosotros creeremos que Dios lo ha azotado, lo ha herido y humillado. Pero él será herido por nuestros pecados; ¡molido por nuestras rebeliones! Sobre él vendrá el castigo de nuestra paz, y por su llaga seremos sanados.

480 **2 Co 5.21** Al que no cometió ningún pecado, por nosotros Dios lo hizo pecado, para que en él nosotros fuéramos hechos justicia de Dios.

481 **Heb 2.17** Por eso le era necesario ser semejante a sus hermanos en todo: para que llegara a ser un sumo sacerdote misericordioso y fiel en lo que a Dios se refiere, y expiara los pecados del pueblo.

140. ***¿Te ha redimido, rescatado y librado Cristo solamente a ti?***
No. Cristo me ha redimido a mí y a toda la gente (expiación universal).

482 **2 Co 5.15** Él murió por todos.

483 **2 Co 5.19** En Cristo, Dios estaba reconciliando al mundo consigo mismo.

484 **1 Ti 1.15** Esta palabra es fiel y digna de ser recibida por todos: Cristo Jesús vino al mundo para salvar a los pecadores, de los cuales yo soy el primero.

485 **1 Jn 2.2** Y él es la propiciación por nuestros pecados; y no solamente por los nuestros, sino también por los de todo el mundo.

486 **2 P 2.1** Con disimulo introducirán herejías destructivas, y hasta llegarán a negar al Señor que los rescató, con lo que atraerán sobre sí mismos súbita destrucción.

El Salvador en el estado de exaltación

141. ***¿Qué es la exaltación de Cristo?***

La exaltación de Cristo es que, como hombre, él ahora usa siempre y completamente sus poderes divinos.

487 **Fil 2.9-11** Dios también lo exaltó hasta lo sumo, y le dio un nombre que es sobre todo nombre, para que en el nombre de Jesús se doble toda rodilla de los que están en los cielos, y en la tierra, y debajo de la tierra; y toda lengua confiese que Jesucristo es el Señor, para gloria de Dios el Padre.

142. ***¿Con qué palabras describe el segundo artículo el estado de exaltación?***

"Descendió a los infiernos; al tercer día resucitó de entre los muertos; subió a los cielos y está sentado a la diestra de Dios Padre todopoderoso; y desde allí ha de venir a juzgar a los vivos y a los muertos."

143. ***¿Por qué es el descenso de Cristo a los infiernos parte de su exaltación?***

Las Sagradas Escrituras enseñan que Cristo, habiendo revivido en su sepulcro, descendió a los infiernos no para sufrir castigo, sino para proclamar su victoria sobre sus enemigos en el infierno.

488 **1 P 3.18-19** [Cristo] sufrió la muerte; pero en el espíritu fue vivificado; en el espíritu también, fue y predicó a los espíritus encarcelados.

489 **Col 2.15** Desarmó además a los poderes y las potestades, y los exhibió públicamente al triunfar sobre ellos en la cruz.

144. ***¿Qué enseñan las Sagradas Escrituras en cuanto a la resurrección de Cristo?***

Ellas enseñan que Cristo, al tercer día, y con su cuerpo glorificado, se levantó victorioso del sepulcro y se manifestó vivo a sus discípulos.

490 **Hch 10.40-41** Dios lo resucitó al tercer día, y permitió que muchos lo vieran. Pero no lo vio todo el pueblo, sino sólo aquellos testigos que Dios había elegido de antemano, es decir, nosotros, los que comimos y bebimos con él después de que él resucitó de entre los muertos.

491 **1 Co 15.4-8** [Cristo] conforme a las Escrituras, fue sepultado y resucitó al tercer día; y que se apareció a Cefas, y luego a los doce. Después se apareció a más de quinientos hermanos a la vez, de los cuales muchos aún viven, y otros ya han muerto. Luego se apareció a Jacobo, después a todos los apóstoles; y por último se me apareció a mí, que soy como un niño nacido fuera de tiempo.

492 **Hch 1.3** Después de su muerte, se les presentó vivo y, con muchas pruebas que no admiten duda, se les apareció durante cuarenta días y les habló acerca del reino de Dios.

H.B. **Mt 27.62-28.20; Mc 16; Lc 24; Jn 20-21** Historia de la resurrección de Jesús.

145. ***¿Por qué es la resurrección de Cristo tan importante y consoladora?***

La resurrección de Cristo es la prueba que:

A. Cristo es el Hijo de Dios;

493 **Ro 1.4** Fue declarado Hijo de Dios con poder, por su resurrección de entre los muertos.

B. su doctrina es verdadera;

494 **Jn 2.19** Destruyan este templo, y en tres días lo levantaré.
495 **Jn 8.28** Cuando ustedes hayan levantado al Hijo del Hombre, sabrán entonces que yo soy, y que nada hago por mí mismo, sino que hablo según lo que el Padre me enseñó.

C. Dios el Padre ha aceptado el sacrificio de su Hijo para la reconciliación del mundo;

496 **Ro 4.25** [Cristo] fue entregado por nuestros pecados, y resucitó para nuestra justificación.
497 **Ro 5.10** Porque, si cuando éramos enemigos de Dios fuimos reconciliados con él mediante la muerte de su Hijo, mucho más ahora, que estamos reconciliados, seremos salvados por su vida.
498 **1 Co 15.17** y si Cristo no resucitó, la fe de ustedes no tiene sentido, y ustedes todavía están en sus pecados.

D. todos los creyentes resucitarán para la vida eterna.

499 **Jn 11.25-26** Yo soy la resurrección y la vida; el que cree en mí, aunque esté muerto, vivirá. Y todo aquel que vive y cree en mí, no morirá eternamente.
500 **Jn 14.19** Porque yo vivo, ustedes también vivirán.
501 **1 Co 15.20** El hecho es que Cristo ha resucitado de entre los muertos, como primicias de los que murieron.

146. *¿Qué enseñan las Sagradas Escrituras en cuanto a la ascensión de Cristo?*

Ellas enseñan que Cristo, cuarenta días después de su resurrección, en presencia de sus discípulos, ascendió corporalmente y entró en la gloria de su Padre, para preparar lugar para nosotros en el cielo.

502 **Lc 24.51** Mientras los bendecía, se apartó de ellos y fue llevado a las alturas del cielo.
503 **Ef 4.10** El que descendió, es el mismo que también ascendió por encima de todos los cielos, para llenarlo todo.
504 **Jn 14.2-3** En la casa de mi Padre hay muchos aposentos. Si así no fuera, ya les hubiera dicho. Así que voy a preparar lugar para ustedes. Y si me voy y les preparo lugar, vendré otra vez, y los llevaré conmigo, para que donde yo esté, también ustedes.
505 **Jn 17.24** Padre, quiero que donde yo estoy también estén conmigo aquellos que me has dado, para que vean mi gloria, la cual me has dado; porque me has amado desde antes de la fundación del mundo.

H.B. **Hch 1.9-11** La ascensión de Cristo.

147. *¿Qué significa que Cristo está sentado a la derecha de Dios Padre?*

Con esta expresión, las Escrituras enseñan que Cristo, como verdadero hombre, no sólo está presente en todas partes, sino que ahora también ejerce plenamente su poder divino sobre todo el universo.

506 **Ef 1.20-23** [Dios] resucitó [a Cristo] de entre los muertos y lo sentó a su derecha en los lugares celestiales, muy por encima de todo principado, autoridad, poder y señorío, y por encima de todo nombre que se nombra,

no sólo en este tiempo, sino también en el venidero. Dios sometió todas las cosas bajo sus pies, y lo dio a la iglesia, como cabeza de todo, pues la iglesia es su cuerpo, la plenitud de Aquel que todo lo llena a plenitud.

148. *¿Qué consuelo sacamos de la ascensión de Cristo y del hecho de que él ahora está sentado a la derecha del Padre?*

Sabemos que Cristo, el exaltado Dios-hombre

A. como nuestro Profeta envía personas a proclamar la buena noticia de la salvación por el poder del Espíritu Santo;

507 **Ef 4.10-12** El que descendió, es el mismo que también ascendió por encima de todos los cielos, para llenarlo todo. Y él mismo constituyó a unos, apóstoles; a otros, profetas; a otros, evangelistas; a otros, pastores y maestros, a fin de perfeccionar a los santos para la obra del ministerio, para la edificación del cuerpo de Cristo.

508 **Lc 10.16** El que los escucha a ustedes, me escucha a mí.

509 **Jn 16.7** Pero les digo la verdad: les conviene que yo me vaya; porque si no me voy, el Consolador no vendrá a ustedes; pero si me voy, yo se lo enviaré.

B. como nuestro Sacerdote, ruega y ora por nosotros ante el Padre;

510 **Ro 8.34** Cristo, el que además está a la derecha de Dios e intercede por nosotros.

511 **1 Jn 2.1** Si alguno ha pecado, tenemos un abogado ante el Padre, a Jesucristo el justo.

C. como nuestro Rey gobierna y protege a la iglesia y reina sobre toda la tierra especialmente para el beneficio de ella [su iglesia].

512 **Sal 110.1** Palabra del Señor a mi señor: "Siéntate a mi derecha, hasta que yo ponga a tus enemigos por estrado de tus pies."

Nota: Ver **Ef 1.20-23**

149. *¿Qué enseñan las Sagradas Escrituras con respecto a la segunda venida de Cristo?*

A. Cristo, en el último día, volverá visiblemente y en gran gloria;

513 **Mt 24.27** La venida del Hijo del Hombre será como el relámpago que sale del oriente y puede verse hasta el occidente.

514 **Lc 21.27** Entonces verán al Hijo del Hombre venir en una nube, con poder y gran gloria.

515 **Hch 1.11** Varones galileos, ¿por qué están mirando al cielo? Este mismo Jesús, que ustedes han visto irse al cielo, vendrá de la misma manera que lo vieron desaparecer.

516 **2 P 3.10** El día del Señor llegará como un ladrón en la noche. Ese día los cielos desaparecerán en medio de un gran estruendo, y los elementos arderán y serán reducidos a cenizas, y la tierra y todo lo que en ella se ha hecho será quemado.

517 **Ap 1.7** ¡Miren! ¡Ya viene en las nubes! Y todos lo verán, aun los que lo traspasaron; y todas las naciones de la tierra harán lamentación por él. Sí, amén.

B. Cristo no volverá para establecer un gobierno terrenal sino para juzgar al mundo con justicia;

518 **Mt 25.31-32** Cuando el Hijo del Hombre venga en su gloria, y todos los santos ángeles con él, se sentará en su trono de gloria, y todas las naciones serán reunidas ante él. Entonces él apartará a los unos de los otros, como aparta el pastor a las ovejas de los cabritos.

519 **Jn 12.48** El que me rechaza, y no recibe mis palabras, tiene quien lo juzgue, y es la palabra que he hablado; ella lo juzgará en el día final.

520 **Jn 18.36** Respondió Jesús: "Mi reino no es de este mundo."

521 **2 Co 5.10** Porque es necesario que todos nosotros comparezcamos ante el tribunal de Cristo, para que cada uno reciba según lo bueno o lo malo que haya hecho mientras estaba en el cuerpo.

H.B. **Mt 25.31-46** Cristo describe el juicio final.

Nota: Los milenialistas enseñan la falsa doctrina de que antes o después del regreso de Cristo la iglesia experimentará un período literal de 1.000 años (un milenio) de paz y prosperidad. Apocalipsis 20 habla en lenguaje figurado del reinado espiritual de Cristo en la tierra por medio del evangelio y no se refiere a un gobierno terrenal.

C. el día específico en el cual Cristo regresará es conocido únicamente por Dios;

522 **Mt 24.44** También ustedes estén preparados, porque el Hijo del Hombre vendrá a la hora que menos lo esperen.

523 **Mc 13.32** En cuanto al día y la hora, nadie lo sabe, ni siquiera los ángeles en el cielo, ni el Hijo. Sólo el Padre lo sabe.

524 **Hch 17.31** Él ha establecido un día en que, por medio de aquel varón que escogió y que resucitó de los muertos, juzgará al mundo con justicia.

H.B. **Mt 25.1-13** La parábola de las diez vírgenes.

D. antes de que Cristo regrese, habrá aumento de angustia y disturbios para la iglesia y el mundo;

525 **Mt 24.7** Se levantará nación contra nación, y reino contra reino, y habrá hambre y terremotos en distintos lugares.

526 **Mt 24.22** Si aquellos días no fueran acortados, nadie sería salvo, pero serán acortados por causa de los escogidos.

527 **1 Ti 4.1** El Espíritu dice claramente que, en los últimos tiempos, algunos apostatarán de la fe y escucharán a espíritus engañadores y a doctrinas de demonios.

H.B. **Mt 24** Señales que preceden la venida de Cristo.

E. el retorno de Cristo es una fuente de esperanza y de gozo para el cristiano.

528 **Lc 21.28** Cuando esto comience a suceder, anímense y levanten la cabeza, porque su redención estará cerca.

529 **Heb 9.28** También Cristo fue ofrecido una sola vez para llevar los pecados de muchos; pero aparecerá por segunda vez, ya sin relación con el pecado, para salvar a los que lo esperan.

530 Tit 2.13 Aguardamos la bendita esperanza y la gloriosa manifestación de nuestro gran Dios y Salvador Jesucristo.

531 Ap 22.20 El que da testimonio de estas cosas dice: "Ciertamente, vengo pronto." Amén. ¡Ven, Señor Jesús!

H.B. **1 Ts 4.13-18** Palabras de aliento.

150. *En conclusión, ¿para qué te ha redimido Cristo?*

Las Escrituras enseñan que el propósito de Cristo fue

A. "para que yo sea suyo", esto es, ahora soy justo e inocente delante de Dios.

532 2 Co 5.21 Al que no cometió ningún pecado, por nosotros Dios lo hizo pecado, para que en él nosotros fuéramos hechos justicia de Dios.

533 Ap 5.9 Fuiste inmolado. Con tu sangre redimiste para Dios gente de toda raza, lengua, pueblo y nación.

B. "para que yo viva bajo él en su reino", esto es, de que ahora estoy libre de la esclavitud del pecado y de esta manera libre para servir a Dios;

534 Ro 6.6 Sabemos que nuestro antiguo yo fue crucificado juntamente con él, para que el cuerpo del pecado sea destruido, a fin de que no sirvamos más al pecado.

535 2 Co 5.15 Él murió por todos, para que los que viven ya no vivan para sí, sino para aquel que murió y resucitó por ellos.

536 Col 2.6 Por tanto, vivan en el Señor Jesucristo de la manera que lo recibieron.

537 Tit 2.14 Se dio a sí mismo por nosotros para redimirnos de toda iniquidad y purificar para sí un pueblo propio, celoso de buenas obras.

C. "para que yo le sirva en justicia, inocencia y bienaventuranza eterna"; esto es, honro a Dios con toda mi vida y me regocijo en él ahora en la tierra y para siempre en el cielo.

538 Lc 1.69, 73-75 Nos ha levantado un poderoso Salvador en la casa de David, su siervo. Prometió que nos concedería ser liberados de nuestros enemigos, para poder servirle sin temor, en santidad y en justicia todos nuestros días delante de él.

539 Gl 2.20 Pero con Cristo estoy juntamente crucificado, y ya no vivo yo, sino que Cristo vive en mí; y lo que ahora vivo en la carne, lo vivo en la fe del Hijo de Dios, el cual me amó y se entregó a sí mismo por mí.

540 1 P 2.9 Pero ustedes son linaje escogido, real sacerdocio, nación santa, pueblo adquirido por Dios, para que anuncien los hechos maravillosos de aquel que los llamó de las tinieblas a su luz admirable.

H.B. **Ap 7.13-17** Los santos en el cielo.

151. *¿Cuál es la base de nuestra fe y vida en Cristo?*

"Él resucitó de la muerte y vive y reina eternamente."

541 Col 3.1-3 Puesto que ustedes ya han resucitado con Cristo, busquen las cosas de arriba, donde está Cristo sentado a la derecha de Dios. Pongan la mira en las cosas del cielo, y no en las de la tierra. Porque ustedes ya han muerto, y su vida está escondida con Cristo en Dios.

152. ***¿Por qué concluyes este artículo con las palabras "Esto es con toda certeza la verdad"?***
Porque todo lo que confieso en este artículo se enseña claramente en la Biblia, y, por lo tanto, lo creo firmemente.

El Tercer Artículo

La santificación

Creo en el Espíritu Santo; la santa iglesia cristiana, la comunión de los santos; el perdón de los pecados; la resurrección de la carne y la vida perdurable. Amén.

¿Qué quiere decir esto?
Creo que ni por mi propia razón, ni por mis propias fuerzas soy capaz de creer en Jesucristo, mi Señor, o venir a él; sino que el Espíritu Santo me ha llamado mediante el evangelio, me ha iluminado con sus dones y me ha santificado y conservado en la verdadera fe, del mismo modo que él llama, congrega, ilumina y santifica a toda la cristiandad en la tierra, y la conserva unida a Jesucristo en la verdadera y única fe; en esta cristiandad él me perdona todos los pecados a mí y a todos los creyentes, diaria y abundantemente, y en el último día me resucitará a mí y a todos los muertos y me dará en Cristo, juntamente con todos los creyentes, la vida eterna. Esto es con toda certeza la verdad.

153. ***¿Qué cinco puntos trata el tercer artículo?***

I. El Espíritu Santo
II. La iglesia, la comunión de los santos
III. El perdón de los pecados
IV. La resurrección de la carne
V. La vida perdurable

I. El Espíritu Santo

La persona del Espíritu Santo

154. ***¿Quién es el Espíritu Santo?***
El Espíritu Santo no es meramente el poder o la energía de Dios; el Espíritu Santo es la tercera persona de la Santa Trinidad, verdadero Dios con el Padre y el Hijo.

542 **Mt 28.19** Por tanto, vayan y hagan discípulos en todas las naciones, y bautícenlos en el nombre del Padre, y del Hijo, y del Espíritu Santo.

155. ***¿Cómo sabemos que el Espíritu Santo es Dios?***
Porque las Escrituras claramente lo llaman Dios, enseñando que

A. el Espíritu Santo tiene nombres divinos;

543 **Hch 5.3-4** Entonces Pedro le dijo: "Ananías, ¿por qué le permitiste a Satanás que entrara en ti para mentirle al Espíritu Santo? ...No les has mentido a los hombres, sino a Dios.

544 **1 Co 3.16** ¿No saben que ustedes son templo de Dios, y que el Espíritu de Dios habita en ustedes?

B. el Espíritu Santo posee atributos divinos (propiedades o características);

545 **Sal 139.7-10** ¿Dónde puedo esconderme de tu espíritu? ¿Cómo podría huir de tu presencia? Si subiera yo a los cielos, allí estás tú; si me tendiera en el sepulcro, también estás allí. Si levantara el vuelo hacia el sol naciente, o si habitara en los confines del mar, aun allí tu mano me sostendría; ¡tu mano derecha no me soltaría! (Omnipresencia).

546 **1 Co 2.10** El Espíritu lo examina todo, hasta las cosas más profundas de Dios. (Omnisciencia).

547 **Heb 9.14** ¡Cuánto más la sangre de Cristo, que por medio del Espíritu eterno se ofreció a sí mismo sin mancha a Dios, limpiará de obras muertas nuestra conciencia, para que sirvamos al Dios vivo! (Eternidad).

Nota: Ver **Mt 28.19**. (Santidad).

C. el Espíritu Santo lleva a cabo obras divinas (que solamente Dios puede hacer);

548 **Gn 1.2** La tierra estaba desordenada y vacía, las tinieblas cubrían la faz del abismo, y el espíritu de Dios se movía sobre la superficie de las aguas. (Creación).

549 **Tit 3.5** Nos salvó, y no por obras de justicia que nosotros hubiéramos hecho, sino por su misericordia, por el lavamiento de la regeneración y por la renovación en el Espíritu Santo. (Santificación).

D. el Espíritu Santo recibe honor y gloria divinas.

550 **1 P 4.14** ¡Sobre ustedes reposa el glorioso Espíritu de Dios!

La obra del Espíritu Santo

156. ***¿Cuál es la obra especial del espíritu Santo?***

El Espíritu Santo me santifica (me hace santo) trayéndome a la fe en Cristo de modo que pueda obtener las bendiciones de la redención y llevar una vida santa (santificación en el sentido amplio).

Nota: La palabra santificación se usa de dos maneras:

1. (El sentido amplio) La obra completa del Espíritu Santo por la cual nos lleva a la fe y nos capacita a llevar una vida santa.
2. (El sentido limitado) La parte de la obra del Espíritu Santo por la cual dirige y habilita al creyente a llevar una vida santa.

551 **1 Co 6.11** Y eso eran algunos de ustedes, pero ya han sido lavados, ya han sido santificados, ya han sido justificados en el nombre del Señor Jesús, y por el Espíritu de nuestro Dios.

157. ***¿Por qué necesitas que el Espíritu Santo comience y sostenga esta fe en ti?***

Las Sagradas Escrituras dicen que soy por naturaleza espiritualmente ciego, muerto y enemigo de Dios. Por eso: "Creo que ni por mi propia razón, ni por mis propias fuerzas soy capaz de creer en Jesucristo, mi Señor, o venir a él."

552 **1 Co 2.14** El hombre natural no percibe las cosas que son del Espíritu de Dios, porque para él son una locura; y tampoco las puede entender, porque tienen que discernirse espiritualmente.

553 **Ef 2.1** A ustedes, él les dio vida cuando aún estaban muertos en sus delitos y pecados.

554 **Ro 8.7** Las intenciones de la carne llevan a la enemistad contra Dios.

555 **Ef 2.8-9** Ciertamente la gracia de Dios los ha salvado por medio de la fe. Ésta no nació de ustedes, sino que es un don de Dios; ni es resultado de las obras, para que nadie se vanaglorie.

556 **1 Co 12.3** Nadie que hable por el Espíritu de Dios puede maldecir a Jesús; y que nadie puede llamar "Señor" a Jesús, si no es por el Espíritu Santo.

158. ***¿Qué ha hecho el Espíritu Santo para llevarte a la fe?***

El Espíritu Santo me ha llamado mediante el evangelio, esto es, me ha invitado y atraído por medio del evangelio para compartir las bendiciones espirituales que son mías en Cristo.

557 **Ro 1.16** No me avergüenzo del evangelio, porque es poder de Dios para la salvación de todo aquel que cree: en primer lugar, para los judíos, y también para los que no lo son.

558 **2 Ts 2.14** A esto los llamó por medio de nuestro evangelio.

559 **Ap 22.17** Y el Espíritu y la Esposa dicen: "¡Ven!" Y el que oiga, que diga: "¡Ven!" Y el que tenga sed, que venga; y el que quiera, que tome gratuitamente del agua de la vida.

H.B. **Lc 14.16-17** La parábola de la gran cena. **Mt 22.1-10** La parábola de la fiesta de bodas.

159. ***¿Cómo describen las Sagradas Escrituras esta obra del Espíritu Santo en ti?***

Las Sagradas Escrituras enseñan que mediante el evangelio el Espíritu Santo "me ha iluminado con sus dones", esto es, me dio el conocimiento salvador de Jesús, mi Salvador, de modo que confío, creo, me regocijo y me consuelo en él.

560 **1 P 2.9** Pero ustedes son linaje escogido, real sacerdocio, nación santa, pueblo adquirido por Dios, para que anuncien los hechos maravillosos de aquel que los llamó de las tinieblas a su luz admirable.

561 **2 Co 4.6** Porque Dios, que mandó que de las tinieblas surgiera la luz, es quien brilló en nuestros corazones para que se revelara el conocimiento de la gloria de Dios en el rostro de Jesucristo.

562 **1 P 1.8** Ustedes aman a Jesucristo sin haberlo visto, y creen en él aunque ahora no lo ven, y se alegran con gozo inefable y glorioso.

563 **Ro 15.13** ¡Que el Dios de la esperanza los llene de todo gozo y paz en la fe, para que rebosen de esperanza por el poder del Espíritu Santo!

H.B. **Hch 8.5-8** Los samaritanos se llenaron de gozo cuando Felipe les predicó el evangelio. **Hch 16.25-34** El carcelero de Filipos y su familia se llenaron de gozo porque llegaron a la fe.

160. ***¿Cómo se llama esta obra del Espíritu Santo?***

Se llama conversión o regeneración (nuevo nacimiento).

564 **Sal 51.13** Así instruiré a los pecadores en tus caminos; así los pecadores se volverán a ti. (Conversión).

565 **Jn 3.5-6** Jesús le respondió: De cierto, de cierto te digo, que el que no nace de agua y del Espíritu, no puede entrar en el reino de Dios. Lo que nace de la carne, carne es; y lo que nace del Espíritu, espíritu es. (Regeneración).

161. *¿Por qué decimos que el Espíritu Santo ha hecho esto a través del evangelio?*

El evangelio es el medio a través del cual el Espíritu Santo nos da las bendiciones de Cristo y crea la fe en nosotros.

Nota: La Palabra escrita y hablada del evangelio y los sacramentos son los medios de gracia.

566 **Jn 17.20** No ruego solamente por éstos, sino también por los que han de creer en mí por la palabra de ellos.

567 **Ro 10.17** Así que la fe proviene del oír, y el oír proviene de la palabra de Dios.

568 **1 Co 4.15** En Cristo Jesús yo los engendré por medio del evangelio.

569 **1 P 1.23** Ustedes han nacido de nuevo, y no de una simiente perecedera, sino de una simiente imperecedera, por la palabra de Dios que vive y permanece para siempre.

570 **Tit 3.5** Nos salvó, y no por obras de justicia que nosotros hubiéramos hecho, sino por su misericordia, por el lavamiento de la regeneración y por la renovación en el Espíritu Santo. (Bautismo).

571 **Jn 20.22-23** Habiendo dicho esto, sopló y les dijo: "Reciban el Espíritu Santo. A quienes ustedes perdonen los pecados, les serán perdonados; y a quienes no se los perdonen, no les serán perdonados. (Absolución).

572 **Mt 26.27-28** Después tomó la copa, y luego de dar gracias, la entregó a sus discípulos y les dijo: "Beban de ella todos, porque esto es mi sangre del nuevo pacto, que es derramada por muchos, para perdón de los pecados." (Santa Cena).

162. *¿Qué más crea en ti el Espíritu Santo por medio del evangelio?*

El Espíritu Santo me ha santificado en la verdadera fe, esto es, ha renovado toda mi vida en espíritu, voluntad, actitud y deseos mediante la fe, de modo que ahora trato de superar el pecado y hacer buenas obras (santificación en el sentido limitado).

573 **Sal 51.10** Dios mío, ¡crea en mí un corazón limpio! ¡Renueva en mí un espíritu de rectitud!

574 **Ro 8.9** Pero ustedes no viven según las intenciones de la carne, sino según el Espíritu, si es que el Espíritu de Dios habita en ustedes. Y si alguno no tiene el Espíritu de Cristo, no es de él.

575 **2 Co 5.17** Si alguno está en Cristo, ya es una nueva creación.

576 **Gl 5.22-23** Pero el fruto del Espíritu es amor, gozo, paz, paciencia, benignidad, bondad, fe, mansedumbre, templanza. Contra tales cosas no hay ley.

577 **Ef 2.10** Nosotros somos hechura suya; hemos sido creados en Cristo Jesús para realizar buenas obras, las cuales Dios preparó de antemano para que vivamos de acuerdo con ellas.

578 **Ef 5.18-20** No se emborrachen con vino, lo cual lleva al desenfreno; más bien, llénense del Espíritu. Hablen entre ustedes con salmos, himnos y cánticos espirituales; canten y alaben al Señor con el corazón, y den siempre gracias por todo al Dios y Padre, en el nombre de nuestro Señor Jesucristo.

163. *¿Qué son buenas obras delante de Dios?*

Una buena obra delante de Dios es todo lo que un hijo de Dios hace, habla o piensa en la fe, de acuerdo con los Diez Mandamientos, para la gloria de Dios y el bienestar del prójimo.

579 **Heb 11.6** Sin fe es imposible agradar a Dios.

580 **Jn 15.5** Yo soy la vid y ustedes los pámpanos; el que permanece en mí, y yo en él, éste lleva mucho fruto; porque separados de mí ustedes nada pueden hacer.

581 **Mt 15.9** No tiene sentido que me honren, si sus enseñanzas son mandamientos humanos.

582 **Jn 14.15** Si me aman, obedezcan mis mandamientos.

583 **1 Co 10.31** Así que, si ustedes comen o beben, o hacen alguna otra cosa, háganlo todo para la gloria de Dios.

584 **Gl 5.13** Sírvanse los unos a los otros por amor.

H.B. **Mc 12.41-44** La viuda dio todo lo que tenía. **Mc 14.3-9** Una mujer derrama perfume sobre Jesús. **Lc 10.38-42** Marta sirvió a Jesús y María oyó su Palabra.

164. *¿Qué enseñan las Escrituras acerca de los dones del Espíritu Santo?*

Las Escrituras enseñan que el Espíritu Santo da dones a su iglesia. Ellas enseñan que:

A. el Espíritu Santo, por medio de la Palabra y los sacramentos, da libremente a todos los cristianos los más preciosos dones: fe en Cristo, el perdón de los pecados y la vida eterna;

B. en tiempos apostólicos el Espíritu Santo también dio a algunos cristianos el don de obrar milagros (por ejemplo: curaciones, hablar en lenguas, resucitar muertos);

C. las Escrituras no enseñan, sin embargo, que Dios dará necesariamente a todos los cristianos en todos los tiempos y en todos los lugares, dones milagrosos. El Espíritu Santo da sus bendiciones de acuerdo a su buena voluntad.

585 **2 Co 12.12** Con todo, las señales de apóstol se han realizado entre ustedes con toda paciencia, por medio de señales, prodigios y milagros.

586 **Ef 2.20-22** [Ustedes] están edificados sobre el fundamento de los apóstoles y profetas, cuya principal piedra angular es Jesucristo mismo. En Cristo, todo el edificio, bien coordinado, va creciendo para llegar a ser un templo santo en el Señor; en Cristo, también ustedes son edificados en unión con él, para que allí habite Dios en el Espíritu.

H.B. **Hch 5.12-16; 8.14-19; 19.11-12, 20; 20.7-12** Señales especiales conectadas personalmente con los apóstoles.

Nota: En el lenguaje popular, la palabra carismático describe a una persona dinámica, un culto altamente emocional, o la pretensión de tener dones milagrosos especiales. Pero la palabra griega *carisma* simplemente significa "don" y se refiere, por ejemplo, a toda la obra salvadora de Cristo **Ro 5.15-16**, a la vida eterna **Ro 6.23**, y ser soltero o casado **1 Co 7.7**.

165. ***¿Finalmente, qué hace también el Espíritu Santo por ti?***

El Espíritu Santo mediante el evangelio me conserva en la única y verdadera fe.

587 **Fil 1.6** Estoy persuadido de que el que comenzó en ustedes la buena obra, la perfeccionará hasta el día de Jesucristo.

588 **1 P 1.5** A ustedes, que por medio de la fe son protegidos por el poder de Dios, para que alcancen la salvación, lista ya para manifestarse cuando llegue el momento final.

589 **1 Ts 2.13** La palabra de Dios, la cual actúa en ustedes los creyentes.

166. ***¿A quién más regenera y renueva el Espíritu Santo?***

El Espíritu Santo "llama, congrega, ilumina y santifica a toda la cristiandad en la tierra, y la conserva en Jesucristo en la única y verdadera fe."

590 **Ef 3.6** Por medio del evangelio, los no judíos son coherederos y miembros del mismo cuerpo, y copartícipes de la promesa en Cristo Jesús.

167. ***¿Quiere hacer todo esto el Espíritu Santo en las vidas de todas las personas?***

Dios el Espíritu Santo sinceramente quiere convertir a toda la gente y traerla a la salvación por medio del evangelio.

591 **Ez 33.11** No quiero la muerte del impío, sino que éste se aparte de su mal camino y viva.

592 **1 Ti 2.4** [Dios] quiere que todos los hombres sean salvos y lleguen a conocer la verdad.

593 **2 P 3.9** El Señor... nos tiene paciencia y no quiere que ninguno se pierda, sino que todos se vuelvan.

168. ***¿Por qué, entonces, no se salva toda la gente?***

Muchos rechazan la Palabra y resisten al Espíritu Santo, por lo tanto permanecen en la incredulidad y bajo el juicio de Dios por su propia culpa.

594 **Mt 23.37** ¡Jerusalén, Jerusalén, que matas a los profetas y apedreas a los que son enviados a ti! ¡Cuántas veces quise juntar a tus hijos, como junta la gallina a sus polluelos debajo de sus alas, y no quisiste!

595 **Hch 7.51** ¡Pero ustedes son duros de cabeza, de corazón y de oídos! ¡Siempre se oponen al Espíritu Santo! ¡Son iguales que sus padres!

H.B. **Mt 22.1-10** Los invitados no quisieron asistir. **Lc 14.16-24** Los convidados rechazaron la invitación.

II. La iglesia, la comunión de los santos

169. ***¿Qué es la santa iglesia cristiana?***

La santa iglesia cristiana es la comunión de los santos, el número total de los que creen en Cristo. Todos los creyentes en Cristo, y sólo ellos, son miembros de la iglesia (iglesia invisible).

596 **Ef 2.19-22** Por lo tanto, ustedes ya no son extranjeros ni advenedizos, sino conciudadanos de los santos y miembros de la familia de Dios, y están edificados sobre el fundamento de los apóstoles y profetas, cuya principal piedra angular es Jesucristo mismo. En Cristo, todo el edificio, bien coordinado, va creciendo para llegar a ser un templo santo en el Señor; en Cristo, también ustedes son edificados en unión con él, para que allí habite Dios en el Espíritu.

597 **Jn 10.16** También tengo otras ovejas, que no son de este redil; también a aquéllas debo traer, y oirán mi voz, y habrá un rebaño y un pastor.

598 **Ro 8.9** Y si alguno no tiene el Espíritu de Cristo, no es de él.

170. *¿Por qué dices: "creo" en la iglesia?*

A. Porque la fe, la cual hace a las personas miembros de la iglesia, es invisible; la iglesia es invisible a los ojos humanos.

599 **Lc 17.20-21** El reino de Dios no vendrá con advertencia, ni se dirá: "Aquí está", o "Allí está"; porque el reino de Dios está entre ustedes.

600 **2 Ti 2.19** Pero el fundamento de Dios está firme, y tiene este sello: "El Señor conoce a los que son suyos."

B. Las Sagradas Escrituras nos aseguran que el Espíritu Santo continúa reuniendo y preservando la iglesia.

601 **Mt 16.18** Y yo te digo que tú eres Pedro, y sobre esta roca edificaré mi iglesia, y las puertas del Hades no podrán vencerla.

602 **Hch 2.41, 47** Fue así como los que recibieron su palabra fueron bautizados, y ese día se añadieron como tres mil personas. ...Y cada día el Señor añadía a la iglesia a los que habían de ser salvos.

H.B. **1 R 19.8-18** Dios había conservado siete mil creyentes en Israel.

171. *¿Por qué dices: creo en "la" iglesia?*

Hay sólo una iglesia, un cuerpo espiritual de creyentes, cuya única cabeza es Cristo.

603 **Ro 12.4-5** Porque así como en un cuerpo hay muchos miembros... así también nosotros, aunque somos muchos, formamos un solo cuerpo en Cristo.

604 **Ef 4.3-6** Procuren mantener la unidad del Espíritu en el vínculo de la paz. Así como ustedes fueron llamados a una sola esperanza, hay también un cuerpo y un Espíritu, un Señor, una fe, un bautismo, y un Dios y Padre de todos, el cual está por encima de todos, actúa por medio de todos, y está en todos.

605 **Col 1.18** [Cristo] es la cabeza del cuerpo, que es la iglesia.

172. *¿Por qué llamamos a la iglesia "santa"?*

Porque está formada por gente santa, creyentes que han sido lavados con la sangre de Cristo y que sirven a Dios con una vida santa.

606 **Ef 5.25-27** Cristo amó a la iglesia, y se entregó a sí mismo por ella, para santificarla. Él la purificó en el lavamiento del agua por la palabra, a fin de presentársela a sí mismo como una iglesia gloriosa, santa e intachable, sin mancha ni arruga ni nada semejante.

607 **1 P 2.5** Y ustedes también, como piedras vivas, sean edificados como casa espiritual y sacerdocio santo, para ofrecer sacrificios espirituales que Dios acepte por medio de Jesucristo.

173. ***¿Por qué llamamos a la iglesia "cristiana"?***

La iglesia pertenece a Cristo y está edificada únicamente sobre él.

608 **1 Co 3.11** Nadie puede poner otro fundamento que el que está puesto, el cual es Jesucristo.

609 **Ef 2.20** [Ustedes] están edificados sobre el fundamento de los apóstoles y profetas, cuya principal piedra angular es Jesucristo mismoedificio.

Nota: La palabra *católica*, que algunas veces se usa en credos, significa "universal" o "general". La iglesia existe en todo el mundo, dondequiera se proclama el evangelio.

174. ***¿Dónde podemos encontrar esta santa iglesia cristiana?***

La santa iglesia cristiana se encuentra donde "se predica genuinamente el evangelio y se administran los santos sacramentos de acuerdo con el evangelio" (Confesión de Augsburgo VII 1) El evangelio y los sacramentos son llamados las "marcas de la iglesia."

610 **Is 55.10-11** Así como la lluvia y la nieve caen de los cielos, y no vuelven allá, sino que riegan la tierra y la hacen germinar y producir, con lo que dan semilla para el que siembra y pan para el que come, así también mi palabra, cuando sale de mi boca, no vuelve a mí vacía, sino que hace todo lo que yo quiero, y tiene éxito en todo aquello para lo cual la envié.

175. ***¿En qué otros sentidos se usa la palabra "iglesia"?***

La palabra iglesia también se usa para indicar

- **A.** La iglesia visible de Dios;
- **B.** una denominación;
- **C.** una congregación local;
- **D.** una casa de adoración.

176. ***¿Por qué también llama la Escritura "iglesia" a la congregación local?***

Se llama iglesia a las reuniones visibles, locales, alrededor de los medios de gracia, porque allí se reúnen los creyentes alrededor de la Palabra y los sacramentos.

611 **Mt 18.17** Si tampoco a ellos les hace caso, hazlo saber a la iglesia; y si tampoco a la iglesia le hace caso, ténganlo entonces por gentil y cobrador de impuestos.

612 **Mt 28.19-20** Vayan y hagan discípulos en todas las naciones, y bautícenlos en el nombre del Padre, y del Hijo, y del Espíritu Santo. Enséñenles a cumplir todas las cosas que les he mandado. Y yo estaré con ustedes todos los días, hasta el fin del mundo.

613 **1 Co 1.2** A la iglesia de Dios que está en Corinto, a los que han sido santificados en Cristo Jesús y llamados a ser santos, junto con todos los que en todas partes invocan el nombre del Señor Jesucristo, Señor suyo y nuestro.

Nota: Pablo escribió a las iglesias en Galacia**Gl 1.2**. Él escribió a la iglesia en Tesalónica **1 Ts 1.1**. Juan escribió a las siete iglesias de Asia Menor **Ap 1-3**. También se llama "iglesia" a un grupo de congregaciones **Hch 9.31**.

177. ***¿Qué es la iglesia visible?***
La iglesia visible es el número total de los que profesan la fe cristiana y usan la palabra de Dios, pero entre quienes, aparte de los verdaderos creyentes, hay también hipócritas.

178. ***¿Hay entonces dos iglesias, una visible y otra invisible?***
Hay solamente una iglesia: todos los creyentes en Cristo. La asamblea visible se llama iglesia debido a los creyentes que se reúnen alrededor de los medios de gracia en una asamblea en la cual también hay hipócritas.
H.B. **Mt 13.47-48** La red atrapó toda clase de peces.**Mt 22.11-12** Un hombre sin la vestimenta apropiada. **Hch 5.1-11** Ananías y Safira.

179. ***¿Qué enseñan las Escrituras acerca de nuestra vida en la iglesia?***
Ellas enseñan que

A. siempre debemos tratar de ser y permanecer miembros de la iglesia invisible, el cuerpo de Cristo, mediante fe sincera en Cristo, nuestro Salvador;

614 **Jn 15.5** Yo soy la vid y ustedes los pámpanos; el que permanece en mí, y yo en él, éste lleva mucho fruto; porque separados de mí ustedes nada pueden hacer.

615 **2 Co 13.5** Examínense ustedes mismos y vean si permanecen en la fe; pónganse a prueba ustedes mismos.

B. debemos ser fieles a aquella iglesia visible, o denominación, que profesa y enseña toda la doctrina bíblica en toda su pureza, y administra los sacramentos de acuerdo a la institución de Cristo;

616 **Jn 8.31-32** Si ustedes permanecen en mi palabra, serán verdaderamente mis discípulos; y conocerán la verdad, y la verdad los hará libres.

617 **Hch 2.42** Se mantenían fieles a las enseñanzas de los apóstoles y en el mutuo compañerismo, en el partimiento del pan y en las oraciones.

618 **1 Co 1.10** Hermanos, les ruego por el nombre de nuestro Señor Jesucristo, que se pongan de acuerdo y que no haya divisiones entre ustedes, sino que estén perfectamente unidos en un mismo sentir y en un mismo parecer.

Nota: Una denominación religiosa es una iglesia u organización con un nombre definido y una doctrina definida.

C. debemos evitar los maestros falsos, iglesias falsas y todas las organizaciones que promueven una religión contraria a la palabra de Dios;

619 **Mt 7.15-16** Cuídense de los falsos profetas, que vienen a ustedes disfrazados de ovejas, pero por dentro son lobos rapaces. Ustedes los conocerán por sus frutos, pues no se recogen uvas de los espinos, ni higos de los abrojos.

620 **Ro 16.17-18** Pero les ruego, hermanos, que se cuiden de los que causan divisiones y tropiezos en contra de la enseñanza que ustedes han recibido, y que se aparten de ellos. Porque tales personas no sirven a nuestro Señor Jesucristo, sino a su propio vientre, y con palabras suaves y lisonjeras engañan al corazón de los ingenuos.

621 **2 Co 6.14** No se unan con los incrédulos en un yugo desigual. (Ver vv. 15-18).

622 **Gl 1.8** Pero si aun nosotros, o un ángel del cielo, les anuncia otro evangelio diferente del que les hemos anunciado, quede bajo maldición.

623 **2 Ti 4.3** Porque vendrá un tiempo en que no soportarán la sana doctrina, sino que aun teniendo comezón de oír se amontonarán maestros conforme a sus propios malos deseos.

624 **1 Jn 4.1** Amados, no crean a todo espíritu, sino pongan a prueba los espíritus, para ver si son de Dios. Porque muchos falsos profetas han salido por el mundo.

D. debemos mantener y extender la iglesia de Dios contando a otros acerca de Jesucristo, por medio del servicio personal, la oración y el apoyo económico.

625 **Jn 20.21** Así como el Padre me envió, también yo los envío a ustedes.

626 **Hch 1.8** Cuando venga sobre ustedes el Espíritu Santo recibirán poder, y serán mis testigos en Jerusalén, en Judea, en Samaria, y hasta lo último de la tierra.

627 **Hch 8.1, 4** ese día se desató una gran persecución contra la iglesia que estaba en Jerusalén, y muchos se dispersaron por las tierras de Judea y de Samaria, menos los apóstoles. ...Mientras tanto, los que se habían dispersado iban por todas partes anunciando el evangelio.

628 **1 P 2.9** Pero ustedes son linaje escogido, real sacerdocio, nación santa, pueblo adquirido por Dios, para que anuncien los hechos maravillosos de aquel que los llamó de las tinieblas a su luz admirable.

629 **1 P 3.15** Manténganse siempre listos para defenderse, con mansedumbre y respeto, ante aquellos que les pidan explicarles la esperanza que hay en ustedes.

630 **Lc 10.2** Les dijo: "Ciertamente, es mucha la mies, pero son pocos los segadores. Por tanto, pidan al Señor de la mies que envíe segadores a cosechar la mies."

631 **Gl 6.6** El que recibe enseñanza en la palabra, haga partícipe de toda cosa buena al que lo enseña.

H.B. **Hch 2.17-39; 3.12-26** Pedro le habló a la multitud. **Hch 8.26-35** Felipe evangelizó al eunuco. **Hch 4.23-30** Los primeros cristianos oraban por la propagación del evangelio. **Fil 4.16-19** Ellos también contribuyeron para el sostén del ministerio.

III. El perdón de los pecados

180. ***¿Por qué dices: "Creo en el perdón de los pecados"?***

Creo en el perdón de los pecados porque, mediante Cristo, Dios ha declarado el perdón a toda la humanidad pecadora.

632 **Sal 130.3-4** Señor, si te fijaras en nuestros pecados, ¿quién podría sostenerse en tu presencia? Pero en ti hallamos perdón, para que seas reverenciado.

633 **2 Co 5.19** En Cristo, Dios estaba reconciliando al mundo consigo mismo, sin tomarles en cuenta sus pecados, y que a nosotros nos encargó el mensaje de la reconciliación.

181. ***¿Qué motiva a Dios perdonar pecados?***

Dios perdona pecados porque él es misericordioso y por el sacrificio expiatorio de Cristo por los pecadores.

634 **Sal 86.15** Pero tú, Señor, eres un Dios compasivo y clemente, lento para la ira, pero grande en misericordia y verdad.

635 **Jn 3.16** Porque de tal manera amó Dios al mundo, que ha dado a su Hijo unigénito, para que todo aquel que en él cree no se pierda, sino que tenga vida eterna.

636 **Ef 1.7** En él tenemos la redención por medio de su sangre, el perdón de los pecados según las riquezas de su gracia.

637 **1 Jn 2.2** Y él es la propiciación por nuestros pecados; y no solamente por los nuestros, sino también por los de todo el mundo.

182. ***¿Cómo es posible que un Dios justo y santo declare inocente al pecador (justificación)?***

Por causa de Cristo Dios declara justo a los pecadores; esto es, nuestros pecados han sido imputados o cargados a Cristo, el Salvador, y la justicia de Cristo nos ha sido imputada o acreditada a nosotros.

638 **2 Co 5.21** Al que no cometió ningún pecado, por nosotros Dios lo hizo pecado, para que en él nosotros fuéramos hechos justicia de Dios.

639 **Ro 3.22-24** La justicia de Dios, por medio de la fe en Jesucristo, es para todos los que creen en él. Pues no hay diferencia alguna, por cuanto todos pecaron y están destituidos de la gloria de Dios; pero son justificados gratuitamente por su gracia, mediante la redención que proveyó Cristo Jesús.

640 **Ro 4.25** [Jesús] fue entregado por nuestros pecados, y resucitó para nuestra justificación.

H.B. **Mt 18.23-35** El rey perdonó al siervo malvado toda su deuda.

183. ***¿Dónde ofrece Dios el perdón de los pecados?***

Dios ofrece el perdón de los pecados en el evangelio.

641 **Lc 24.47** Y que en su nombre se predicara el arrepentimiento y el perdón de pecados en todas las naciones, comenzando por Jerusalén.

642 **Ro 1.16** No me avergüenzo del evangelio, porque es poder de Dios para la salvación de todo aquel que cree: en primer lugar, para los judíos, y también para los que no lo son.

643 **2 Co 5.19** [Dios]... a nosotros nos encargó el mensaje de la reconciliación.

184. ***¿Cómo recibimos el perdón de los pecados?***

Recibimos este perdón por medio de la fe, esto es, creyendo en el evangelio.

644 **Gn 15.6** Y Abrán creyó al Señor, y eso le fue contado por justicia.

645 **Ro 3.28** El hombre es justificado por la fe, sin las obras de la ley.

646 **Ro 4.5** Pero al que no trabaja, sino que cree en aquel que justifica al pecador, su fe se le toma en cuenta como justicia.

H.B. **Lc 18.9-14** El cobrador de impuestos aceptó el perdón.

185. ***¿Por qué puedo y debo estar seguro del perdón de mis pecados?***

Todo creyente puede y debe de estar seguro del perdón de sus pecados porque Dios cumple sus promesas en Cristo.

647 **Ro 8.38-39** Estoy seguro de que ni la muerte, ni la vida, ni los ángeles, ni los principados, ni las potestades, ni lo presente, ni lo por venir, ni lo alto,

ni lo profundo, ni ninguna otra cosa creada nos podrá separar del amor que Dios nos ha mostrado en Cristo Jesús nuestro Señor.

648 2 Ti 1.12 Pero no me avergüenzo, porque yo sé a quién he creído, y estoy seguro de que él es poderoso para guardar mi depósito para aquel día.

186. ***¿Por qué debemos mantener con toda firmeza esta doctrina de la justificación por gracia, a causa de Cristo, mediante la fe?***

Debemos mantener firmes esta doctrina porque

A. es el artículo principal de la doctrina cristiana;

649 Hch 4.12 En ningún otro hay salvación, porque no se ha dado a la humanidad ningún otro nombre bajo el cielo mediante el cual podamos alcanzar la salvación.

650 **Hch 10.43** Acerca de él dicen los profetas que todos los que crean en su nombre recibirán el perdón de sus pecados.

B. distingue a la religión cristiana de todas las religiones falsas, las cuales enseñan la salvación por obras;

651 Gl 5.4-5 Ustedes, los que por la ley se justifican, se han desligado de Cristo; han caído de la gracia. Pues nosotros por el Espíritu aguardamos, por fe, la esperanza de la justicia.

Nota: Ver **Miq 7.18-20**

C. trae consuelo permanente a los pobres pecadores;

652 Hch 16.30-31, 34 "Señores, ¿qué debo hacer para salvarme?" Ellos le dijeron: "Cree en el Señor Jesucristo, y se salvarán tú y tu familia." ...él y toda su casa se alegraron mucho de haber creído en Dios.

653 Mt 9.2 Ten ánimo, hijo; los pecados te son perdonados.

D. da toda la gloria a Dios por su gracia y misericordia en Cristo.

654 Ap 1.5-6 Él nos amó; con su sangre nos lavó de nuestros pecados, y nos hizo reyes y sacerdotes para Dios, su Padre. Por eso, a él sea dada la gloria y el poder por los siglos de los siglos. Amén.

IV. La resurrección de la carne

187. ***¿Qué enseñan las Escrituras acerca de la resurrección del cuerpo?***

Ellas enseñan que en el último día Cristo me resucitará a mí y a todos los muertos. Los mismos cuerpos que murieron serán revivificados.

655 Job 19.25-27 Yo sé que mi Redentor vive, y que al final se levantará del polvo. También sé que he de contemplar a Dios, aun cuando el sepulcro destruya mi cuerpo. Yo mismo seré quien lo vea, y lo veré con mis propios ojos, aun cuando por dentro ya estoy desfalleciendo.

656 Jn 5.28-29 Vendrá el tiempo cuando todos los que están en los sepulcros oirán su voz; y los que hicieron lo bueno, saldrán a resurrección de vida; pero los que hicieron lo malo, a resurrección de condenación.

657 1 Ts 4.16 Se oirá una voz de mando, la voz de un arcángel y el sonido de la trompeta de Dios, y el Señor mismo bajará del cielo. Y los que murieron creyendo en Cristo, resucitarán primero.

188. ***¿Podemos renacer de nuevo en diferentes cuerpos o formas?***
La reencarnación, la creencia de que cuando el ser humano muere, puede volver a nacer en otro cuerpo o en una serie de cuerpos; es una enseñanza contraria a las Escrituras.

658 **Heb 9.27-28** Y así como está establecido que los hombres mueran una sola vez, y después venga el juicio, así también Cristo fue ofrecido una sola vez para llevar los pecados de muchos; pero aparecerá por segunda vez, ya sin relación con el pecado, para salvar a los que lo esperan.

Nota: Ver **1 Co 15.**

189. ***¿Qué diferencia habrá entre los creyentes y los incrédulos en el día de la resurrección?***

A. Los creyentes resucitarán con cuerpos glorificados, y entrarán en la vida eterna en el cielo con Dios;

659 **Dn 12.2** Muchos de los que duermen en el polvo de la tierra serán despertados, unos para vida eterna, y otros para vergüenza y confusión perpetua.

660 **Jn 5.28-29** Vendrá el tiempo cuando todos los que están en los sepulcros oirán su voz; y los que hicieron lo bueno, saldrán a resurrección de vida; pero los que hicieron lo malo, a resurrección de condenación.

661 **1 Co 15.42-43** Así será también en la resurrección de los muertos: Lo que se siembra en corrupción, resucitará en incorrupción; lo que se siembra en deshonra, resucitará en gloria; lo que se siembra en debilidad, resucitará en poder.

662 **Fil 3.21** [Jesucristo]... transformará el cuerpo de nuestra humillación, para que sea semejante al cuerpo de su gloria.

B. los incrédulos resucitarán para muerte eterna, esto es, para vergüenza y tormento eternos en el infierno.

663 **Is 66.24** Porque sus gusanos nunca morirán, ni se apagará su fuego. Y todo el mundo los verá con repugnancia.

664 **Mt 10.28** No teman a los que matan el cuerpo, pero no pueden matar el alma. Más bien, teman a aquel que puede destruir alma y cuerpo en el infierno.

665 **Mt 25.41** Entonces dirá también a los de la izquierda: "¡Apártense de mí, malditos! ¡Vayan al fuego eterno, preparado para el diablo y sus ángeles!"

666 **Ap 1.7** ¡Miren! ¡Ya viene en las nubes! Y todos lo verán, aun los que lo traspasaron; y todas las naciones de la tierra harán lamentación por él. Sí, amén.

H.B. **Lc 16.19-31** La historia del hombre rico y el pobre Lázaro ilustra que hay solamente dos lugares después de la muerte.

V. La vida perdurable

190. ***¿A quién le da Dios la vida eterna?***
Dios dará la vida eterna a mí y a todos los creyentes en Cristo.

A. La vida eterna es una posesión presente.

667 **Jn 17.3** Y ésta es la vida eterna: que te conozcan a ti, el único Dios verdadero, y a Jesucristo, a quien has enviado.

668 **Jn 3.16** Porque de tal manera amó Dios al mundo, que ha dado a su Hijo unigénito, para que todo aquel que en él cree no se pierda, sino que tenga vida eterna.

669 **Ro 10.9** Si confiesas con tu boca que Jesús es el Señor, y crees en tu corazón que Dios lo levantó de los muertos, serás salvo.

670 **Jn 3.36** El que cree en el Hijo tiene vida eterna, pero el que se niega a creer en el Hijo no verá la vida, sino que la ira de Dios recae sobre él.

B. Al momento de la muerte, el alma del creyente está inmediatamente con Cristo en el cielo.

671 **Ec 12.7** Entonces el polvo volverá a la tierra, de donde fue tomado, y el espíritu volverá a Dios, que lo dio.

672 **Lc 23.43** De cierto te digo que hoy estarás conmigo en el paraíso.

673 **Jn 17.24** Padre, quiero que donde yo estoy también estén conmigo aquellos que me has dado, para que vean mi gloria, la cual me has dado; porque me has amado desde antes de la fundación del mundo.

674 **Fil 1.23-24** Por ambas cosas me encuentro en un dilema, pues tengo el deseo de partir y estar con Cristo, lo cual es muchísimo mejor; pero quedarme en la carne es más necesario por causa de ustedes.

675 **Ap 14.13** Entonces oí una voz que venía del cielo, la cual me decía: "Escribe: De aquí en adelante, bienaventurados sean los que mueren en el Señor." Y el Espíritu dice: "Sí, porque así descansarán de sus trabajos, pues sus obras los acompañan."

C. En el último día los creyentes, en cuerpo y alma, empezarán a gozar plenamente el estar eternamente con Cristo.

676 **1 Co 15.51-52** Presten atención, que les voy a contar un misterio: No todos moriremos, pero todos seremos transformados en un instante, en un abrir y cerrar de ojos, cuando suene la trompeta final. Pues la trompeta sonará, y los muertos serán resucitados incorruptibles, y nosotros seremos transformados.

677 **Mt 25.34** entonces el Rey dirá a los de su derecha: "Vengan, benditos de mi Padre, y hereden el reino preparado para ustedes desde la fundación del mundo."

678 **Sal 16.11** Con tu presencia me llenas de alegría; ¡estando a tu lado seré siempre dichoso!

679 **Ro 8.18** Pues no tengo dudas de que las aflicciones del tiempo presente en nada se comparan con la gloria venidera que habrá de revelarse en nosotros.

680 **1 Jn 3.2** Amados, ahora somos hijos de Dios, y aún no se ha manifestado lo que hemos de ser. Pero sabemos que, cuando él se manifieste, seremos semejantes a él porque lo veremos tal como él es.

191. ***¿Estás seguro de que tú también entrarás en la vida perdurable?***

Así como ahora creo en Cristo mi Salvador, así también sé que he sido elegido para la vida perdurable, de pura gracia en Cristo, sin ningún mérito de mi parte, y que nadie podrá arrebatarme de la mano de Dios (la eterna elección de gracia o predestinación).

681 **Jn 10.27-28** Las que son mis ovejas, oyen mi voz; y yo las conozco, y ellas me siguen. Y yo les doy vida eterna; y no perecerán jamás, ni nadie las arrebatará de mi mano.

682 **Ro 8.28-30** sabemos que Dios dispone todas las cosas para el bien de los que lo aman, es decir, de los que él ha llamado de acuerdo a su propósito. Porque a los que antes conoció, también los predestinó para que sean hechos conforme a la imagen de su Hijo, para que él sea el primogénito entre muchos hermanos. Y a los que predestinó, también los llamó; y a los que llamó, también los justificó; y a los que justificó, también los glorificó.

683 **Ef 1.3-6** Bendito sea el Dios y Padre de nuestro Señor Jesucristo, que en Cristo nos ha bendecido con toda bendición espiritual en los lugares celestiales. En él, Dios nos escogió antes de la fundación del mundo, para que en su presencia seamos santos e intachables. Por amor nos predestinó para que por medio de Jesucristo fuéramos adoptados como hijos suyos, según el beneplácito de su voluntad, para alabanza de la gloria de su gracia, con la cual nos hizo aceptos en el Amado.

192. ***¿Por qué concluyes este artículo con las palabras: "Esto es con toda certeza la verdad"?***

Porque todo lo que confieso en este artículo es enseñado claramente en la Biblia y por lo tanto lo creo firmemente.

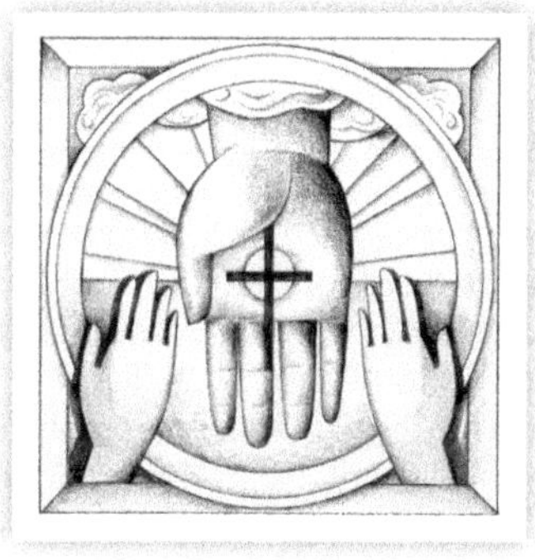

EL PADRENUESTRO

193. ***¿Qué privilegio y qué mandamiento ha dado Dios a los creyentes en Cristo Jesús?***

Dios ordena e invita a los creyentes en Cristo Jesús a orar.

684 **Mt 7.7-8** Pidan, y se les dará, busquen, y encontrarán, llamen, y se les abrirá. Porque todo aquel que pide, recibe, y el que busca, encuentra, y al que llama, se le abre.

685 **1 Ts 5.16-18** Estén siempre gozosos. Oren sin cesar. Den gracias a Dios en todo, porque ésta es su voluntad para ustedes en Cristo Jesús.

194. ***¿Qué es orar?***

Orar es hablar con Dios en palabras y pensamientos.

686 **Sal 19.14** Tú, Señor, eres mi roca y mi redentor; ¡agrádate de mis palabras y de mis pensamientos!

687 **Hch 7.59-60** Mientras lo apedreaban, Esteban rogaba: "Señor Jesús, recibe mi espíritu." Luego cayó de rodillas y clamó con fuerte voz: "Señor, no les tomes en cuenta este pecado." Y dicho esto, murió.

H.B. **Gn 18.22-23** Abrahán oró por Sodoma. **Mt 26.36-44** Jesús en Getsemaní. **Hch 4.23-31** Los creyentes dieron gracias cuando Pedro y Juan fueron liberados de la prisión.

195. ***¿A quién debemos orar?***

Debemos orar solamente al verdadero Dios: Padre, Hijo, y Espíritu Santo. No debemos orar a santos, ni a ídolos, ni a ninguna cosa creada por Dios.

688 **Sal 65.2** Tú escuchas nuestras oraciones. A ti acude todo el género humano.

689 **1 Jn 5.20-21** Estamos en el verdadero, en su Hijo Jesucristo. Éste es el verdadero Dios, y la vida eterna. Hijitos, manténganse apartados de los ídolos.

690 **Ap 22.8-9** Yo, Juan, soy quien vio y oyó estas cosas. Después de verlas y oírlas, me postré a los pies del ángel que me mostraba estas cosas, para adorarlo, pero él me dijo: "¡No lo hagas! Yo soy consiervo tuyo y de tus hermanos los profetas, y de los que obedecen las palabras de este libro. ¡Tú, adora a Dios!"

H.B. **1 R 18.25-29, 36-39** Elías y los sacerdotes de Baal. **Dn 6.1-23** Daniel en el foso de los leones. **Hch 14.8-18** Pablo en Listra. **Jn 17** La oración sumosacerdotal de Jesús.

196. ***¿Las oraciones de quienes son aceptables a Dios?***

Sólo los creyentes en Cristo pueden orar a Dios y esperar ser oídos.

691 **Jn 14.13-14** Y todo lo que pidan al Padre en mi nombre, lo haré, para que el Padre sea glorificado en el Hijo. Si algo piden en mi nombre, yo lo haré.

692 **Jn 15.7** Si permanecen en mí, y mis palabras permanecen en ustedes, pidan todo lo que quieran, y se les concederá.

197. ***¿Qué debemos pedir a Dios en nuestras oraciones?***

Debemos pedir a Dios todo lo que tienda a la gloria de Dios y al bienestar nuestro y de nuestro prójimo, tanto bendiciones espirituales como temporales. También debemos alabar y dar gracias a Dios por lo que él es y ha hecho.

693 **Fil 4.6** No se preocupen por nada. Que sus peticiones sean conocidas delante de Dios en toda oración y ruego, con acción de gracias.

694 **Sal 136.1** ¡Alabemos al Señor, porque él es bueno! ¡Su misericordia permanece para siempre!

198. ***¿Cómo debemos orar?***

Debemos orar

A. en el nombre de Jesús, esto es, con fe en él como nuestro Redentor;

695 **Jn 16.23** De cierto, de cierto les digo, que todo lo que pidan al Padre, en mi nombre, él se lo concederá.

B. con confianza, esto es, con la firme seguridad de que por los méritos de Cristo nuestras oraciones serán contestadas;

696 **Mt 21.22** Si ustedes creen, todo lo que pidan en oración lo recibirán.

697 **Stg 1.6-7** Pero tiene que pedir con fe y sin dudar nada, porque el que duda es como las olas del mar, que el viento agita y lleva de un lado a otro. Quien sea así, no piense que recibirá del Señor cosa alguna.

C. de acuerdo a la voluntad revelada de Dios.

698 **Lc 11.13** Pues si ustedes, que son malos, saben dar cosas buenas a sus hijos, ¡cuánto más el Padre celestial dará el Espíritu Santo a quienes se lo pidan!

699 **Lc 22.42** Padre, si quieres, haz que pase de mí esta copa; pero que no se haga mi voluntad, sino la tuya.

700 **Mt 8.2** Un leproso se le acercó, se arrodilló ante él y le dijo: "Señor, si quieres, puedes limpiarme."

701 **1 Jn 5.14** Y ésta es la confianza que tenemos en él: si pedimos algo según su voluntad, él nos oye.

199. ***¿Quién nos ayuda a orar?***

Dios el Espíritu Santo ora con nosotros y por nosotros.

702 **Ro 8.26** De igual manera, el Espíritu nos ayuda en nuestra debilidad, pues no sabemos qué nos conviene pedir, pero el Espíritu mismo intercede por nosotros con gemidos indecibles.

200. ***¿Cómo contesta Dios las oraciones?***

Dios escucha las oraciones de todos los cristianos y las contesta en su propia manera y a su propio tiempo.

703 **Is 65.24** Antes de que me pidan ayuda, yo les responderé; no habrán terminado de hablar cuando ya los habré escuchado.

704 **2 Co 12.8-9** Tres veces le he rogado al Señor que me lo quite, pero él me ha dicho: "Con mi gracia tienes más que suficiente, porque mi poder se perfecciona en la debilidad." Por eso, con mucho gusto habré de jactarme en mis debilidades, para que el poder de Cristo repose en mí.

H.B. **Mt 8.5-13** Jesús sanó al sirviente del centurión. **Mt 9.1-8** Jesús sanó al paralítico. **Ex 3.7-10** El Señor rescató a Israel de Egipto. **Lc 18.1-8** La parábola de la viuda persistente.

201. ***¿Por quién debemos orar?***

Debemos orar por nosotros mismos y por todas las demás personas, aún por nuestros enemigos, pero nunca por los muertos.

705 **1 Ti 2.1** Ante todo, exhorto a que se hagan rogativas, oraciones, peticiones y acciones de gracias por todos los hombres.

706 **Mt 5.44** Oren por quienes los persiguen.

707 **Heb 9.27** Está establecido que los hombres mueran una sola vez, y después venga el juicio.

H.B. **Lc 18.13** El cobrador de impuestos oró por sí mismo.**Gn 18.23-32** Abrahán intercedió por Sodoma. **Mt 15.22-28** La mujer cananea rogó por su hija.**Lc 23.34** Jesucristo pidió por sus enemigos. **Hch 7.60** Esteban oró por sus enemigos.

202. ***¿Dónde debemos orar?***
Debemos orar en todo lugar, especialmente cuando estamos solos, con nuestras familias y en la iglesia.
708 **1 Ti 2.8** Por tanto, quiero que los hombres oren en todas partes, y levanten manos santas, sin ira ni contienda.
709 **Mt 6.6** Pero tú, cuando ores, entra en tu aposento, y con la puerta cerrada ora a tu Padre que está en secreto, y tu Padre que ve en lo secreto te recompensará en público.
710 **Lc 5.16** Jesús se retiraba a lugares apartados para orar.
711 **Hch 12.5** Mientras que Pedro era bien vigilado en la cárcel, en la iglesia se oraba constantemente a Dios por él.

203. ***¿Cuándo debemos orar?***
Debemos orar regular y frecuentemente, y especialmente durante la aflicción.
712 **Sal 65.8** Tú haces que el sol grite de alegría al salir por la mañana, y al caer la tarde.
713 **Sal 119.164** Siete veces al día te alabo porque tus juicios son siempre justos.
714 **Dn 6.10** Y cuando Daniel supo que el edicto había sido firmado, entró en su casa, abrió las ventanas de su alcoba que daban hacia Jerusalén, y tres veces al día se arrodillaba y oraba a su Dios, dándole gracias como acostumbraba hacerlo.
715 **Lc 18.1** Jesús les contó una parábola en cuanto a la necesidad de orar siempre y de no desanimarse.
716 **1 Ts 5.17-18** Oren sin cesar. Den gracias a Dios en todo, porque ésta es su voluntad para ustedes en Cristo Jesús.
717 **Sal 50.15** Invócame en el día de la angustia; yo te libraré, y tú me honrarás.
H.B. **Hch 2.46-3.1; 10** Los primeros cristianos guardaban las acostumbradas horas de oración.
Nota: Véanse, las oraciones para la mañana, la noche y la hora de comer, sugeridas por Lutero en este catecismo.

204. ***¿Qué oración nos dio Jesús para enseñarnos a orar?***
Jesús nos dio la oración del Padrenuestro.
H.B. **Mt 6.9-13; Lc 11.1-4** El Padrenuestro.

Introducción

Padre nuestro que estás en los cielos.

¿Qué quiere decir esto?
Con estas palabras Dios quiere atraernos cariñosamente para que creamos que él es nuestro verdadero Padre y nosotros sus verdaderos hijos, a fin de que le pidamos con valor y plena confianza, como hijos amados a su amoroso padre.

205. ***¿En qué sentido nos alienta a orar la palabra "Padre" en el Padrenuestro?***
La palabra Padre nos dice que Dios nos ama y quiere que le oremos con plena confianza y sin temor.

718 **1 Jn 3.1** Miren cuánto nos ama el Padre, que nos ha concedido ser llamados hijos de Dios. Y lo somos. El mundo no nos conoce, porque no lo conoció a él.

719 **Ro 8.15-16** Ustedes... han recibido el espíritu de adopción... El Espíritu mismo da testimonio a nuestro espíritu, de que somos hijos de Dios.

720 **2 Co 6.18** Y seré un Padre para ustedes, y ustedes serán mis hijos y mis hijas. Lo ha dicho el Señor Todopoderoso.

721 **Heb 4.16** Acerquémonos confiadamente al trono de la gracia, para alcanzar misericordia y hallar gracia para cuando necesitemos ayuda.

722 **Sal 103.13** El Señor se compadece de los que le honran con la misma compasión del padre por sus hijos.

H.B. **Lc 15.11-32** El hijo perdido.

206. ***¿Qué nos indica la palabra "nuestro" cuando oramos Padre nuestro?***

En Cristo todos los creyentes son hijos del Padre y deben orar con otros y unos por otros.

723 **Ef 4.6** [Hay] un Dios y Padre de todos, el cual está por encima de todos, actúa por medio de todos, y está en todos.

724 **Gl 3.26** Todos ustedes son hijos de Dios por la fe en Cristo Jesús.

725 **Stg 5.16** Confiesen sus pecados unos a otros, y oren unos por otros, para que sean sanados. La oración del justo es muy poderosa y efectiva.

207. ***¿Qué nos dicen acerca de Dios las palabras "que estás en los cielos"?***

Estas palabras nos aseguran que nuestro Padre celestial, como Señor de todo, tiene poder de concedernos lo que pedimos.

726 **Sal 124.8** Nuestra ayuda nos viene del Señor, creador del cielo y de la tierra.

727 **Lc 1.37** ¡Para Dios no hay nada imposible!

728 **Hch 17.24** El Dios que hizo el mundo y todo lo que en él hay, es el Señor del cielo y de la tierra.

La primera petición

Santificado sea tu nombre.

¿Qué quiere decir esto?

El nombre de Dios ya es santo en sí mismo; pero rogamos en esta petición que sea santificado también entre nosotros.

¿Cómo es santificado el nombre de Dios?

Se santifica el nombre de Dios cuando la palabra de Dios es enseñada en toda su verdad y pureza, y cuando también vivimos santamente conforme a ella, como hijos de Dios. ¡Ayúdanos a que esto sea así, amado Padre celestial! Pero quien enseña y vive de manera distinta de lo que enseña la palabra de Dios, profana entre nosotros el nombre de Dios. ¡Guárdanos de ello, Padre celestial!

208. ***¿Cuál es la conexión entre esta petición y el segundo mandamiento?***

Ambos hablan acerca del nombre de Dios. "En esta petición pedimos precisamente lo que Dios exige en el segundo mandamiento: no abusar de su nombre... sino usarlo provechosamente para alabanza y gloria de Dios" (Catecismo Mayor III).

729 Ex 20.7 No tomarás en vano el nombre del Señor tu Dios, porque yo, el Señor, no consideraré inocente al que tome en vano mi nombre.

209. ***¿Qué pedimos cuando oramos que el nombre de Dios sea santificado?***

Dado que el nombre de Dios es Dios mismo tal como él se nos ha revelado, no podemos hacer santo su nombre, pero pedimos que nos ayude a guardar santo su nombre en nuestras vidas.

730 **Sal 103.1** ¡Bendice, alma mía, al Señor! ¡Bendiga todo mi ser su santo nombre!

210. ***¿Cómo guardamos santo el nombre del Señor?***

Guardamos el nombre de Dios santo cuando

A. la Palabra de Dios es enseñada en toda su verdad y pureza;

731 **Jer 23.28** Pero si yo envío mi palabra a alguno de ellos, tiene que anunciar mi palabra verdadera.

732 **Jn 17.17** Santifícalos en tu verdad; tu palabra es verdad.

B. cuando vivimos de acuerdo con la palabra de Dios.

733 **Mt 5.16** Que la luz de ustedes alumbre delante de todos, para que todos vean sus buenas obras y glorifiquen a su Padre, que está en los cielos.

734 **Ef 4.1** Yo, que estoy preso por causa del Señor, les ruego que vivan como es digno del llamamiento que han recibido,

H.B. **Lc 19.1-9** Zaqueo tomó la decisión de vivir una vida cristiana.

211. ***¿Cómo se profana el nombre de Dios?***

El nombre de Dios es profanado, esto es, deshonrado cuando

A. se enseña una doctrina contraria a la Palabra de Dios;

735 **Jer 23.31** Yo estoy en contra de los profetas que hablan con dulzura, y luego afirman que yo he hablado.

B. cuando se vive de una manera contraria a la Palabra de Dios.

736 **Ro 2.23-24** Tú que te sientes orgulloso de la ley, ¿deshonras a Dios quebrantando la ley? Porque, como está escrito: "Por causa de ustedes el nombre de Dios es blasfemado entre los paganos."

La segunda petición

Venga a nos tu reino.

¿Qué quiere decir esto?

El reino de Dios viene en verdad por sí solo, aún sin nuestra oración. Pero rogamos en esta petición que venga también a nosotros.

¿Cómo sucede esto?

El reino de Dios viene cuando el Padre celestial nos da su Espíritu Santo, para que, por su gracia, creamos su santa Palabra y llevemos una vida de piedad, tanto aquí en este mundo temporal como allá en el otro, eternamente.

212. ***¿Qué es el reino de Dios?***
El reino de Dios es su gobierno como rey sobre todo el universo (reino de poder), sobre la iglesia en la tierra (reino de gracia) y sobre la iglesia y los ángeles en el cielo (reino de gloria).

737 **Sal 103.19** El Señor ha afirmado su trono en los cielos, y su reino domina sobre todos los reinos. (Reino de poder).

738 **Jn 3.5** Jesús le respondió: "De cierto, de cierto te digo, que el que no nace de agua y del Espíritu, no puede entrar en el reino de Dios." (Reino de gracia).

739 **2 Ti 4.18** El Señor me librará de toda obra mala, y me preservará para su reino celestial. A él sea la gloria por los siglos de los siglos. Amén. (Reino de gloria).

213. ***¿Qué rogamos en la segunda petición?***
No rogamos que venga el reino de poder de Dios, porque ya está presente en todas partes, sino pedimos que Dios:

A. envíe su Espíritu Santo para que creamos su Palabra y vivamos una vida piadosa como miembros de su reino de gracia;

740 **Mc 1.15** Decía: "El tiempo se ha cumplido, y el reino de Dios se ha acercado. ¡Arrepiéntanse, y crean en el evangelio!"

741 **Ro 14.17** El reino de Dios no es cuestión de comida ni de bebida, sino de justicia, paz y gozo en el Espíritu Santo.

742 **Col 1.13-14** [Dios] nos ha librado del poder de la oscuridad y nos ha trasladado al reino de su amado Hijo, en quien tenemos redención por su sangre, el perdón de los pecados.

B. traiga a muchos otros a su reino de gracia;

743 **Mt 9.38** Pidan al Señor de la mies que envíe segadores a cosechar la mies.

744 **2 Ts 3.1** Por lo demás, hermanos, oren por nosotros, para que la palabra del Señor corra y sea glorificada, tal como sucedió entre ustedes.

C. nos use para extender su reino de gracia.

745 **Hch 4.29** Ahora, Señor, mira sus amenazas, y concede a estos siervos tuyos proclamar tu palabra sin ningún temor.

746 **1 P 2.12** Mantengan una buena conducta entre los no creyentes para que, aunque los acusen de malhechores, al ver las buenas obras de ustedes glorifiquen a Dios el día que él nos visite.

D. apresure la venida de su reino de gloria.

747 **Fil 3.20** Nuestra ciudadanía está en los cielos, de donde también esperamos al Salvador, al Señor Jesucristo.

748 **Ap 22.20** El que da testimonio de estas cosas dice: "Ciertamente, vengo pronto." Amén. ¡Ven, Señor Jesús!

214. ***¿Cómo podemos estar seguros de que el reino de Dios viene?***
El Señor garantiza que sus medios de gracia establecen y sostienen su reino.

749 **Is 55.11** Mi palabra… hace todo lo que yo quiero, y tiene éxito en todo aquello para lo cual la envié.

H.B. **Mc 4.26-29** La parábola de la semilla.

La tercera petición

Hágase tu voluntad, así en la tierra como en el cielo.

¿Qué quiere decir esto?

La buena y misericordiosa voluntad de Dios se hace, en verdad, sin nuestra oración; pero rogamos en esta petición que se haga también entre nosotros.

¿Cómo sucede esto?

Cuando Dios desbarata y estorba todo mal propósito y voluntad que tratan de impedir que santifiquemos el nombre de Dios y de obstaculizar la venida de su reino, tales como la voluntad del diablo, del mundo y de nuestra carne. Así también se hace la voluntad de Dios, cuando él nos fortalece y nos mantiene firmes en su Palabra y en la fe hasta el fin de nuestros días. Esta es su misericordiosa y buena voluntad.

215. *¿Cuál es la buena y misericordiosa voluntad de Dios?*

La voluntad de Dios es que su nombre sea santificado y que venga su reino, o sea, que se enseñe correctamente su Palabra y que los pecadores lleguen a la fe en Cristo y vivan una vida piadosa.

750 **Dt 4.2** No añadan ni quiten una sola palabra de lo que yo les mando, sino cumplan los mandamientos del Señor su Dios, que yo les ordeno observar.

751 **Jn 6.40** Y ésta es la voluntad de mi Padre: Que todo aquel que ve al Hijo, y cree en él, tenga vida eterna; y yo lo resucitaré en el día final.

752 **1 Ti 2.4** [Dios] quiere que todos los hombres sean salvos y lleguen a conocer la verdad.

753 **1 Ts 4.3** Lo que Dios quiere es que ustedes vivan consagrados a él.

216. *¿Quiénes se oponen a la voluntad de Dios?*

El diablo, el mundo y nuestra propia naturaleza pecadora se oponen a la buena y misericordiosa voluntad de Dios.

754 **1 P 5.8** Sean prudentes y manténganse atentos, porque su enemigo es el diablo, y él anda como un león rugiente, buscando a quien devorar.

755 **1 Jn 2.15-17** No amen al mundo, ni las cosas que están en el mundo. Si alguno ama al mundo, el amor del Padre no está en él. Porque todo lo que hay en el mundo, es decir, los deseos de la carne, los deseos de los ojos, y la vanagloria de la vida, no proviene del Padre, sino del mundo. El mundo y sus deseos pasan; pero el que hace la voluntad de Dios permanece para siempre.

756 **Ro 7.18** Yo sé que en mí, esto es, en mi naturaleza humana, no habita el bien; porque el desear el bien está en mí, pero no el hacerlo.

H.B. **Gn 3.1-7** El diablo descarrió a la humanidad hacia el pecado. **Lc 22.54-62** Los enemigos de Jesús causaron la caída de Pedro. **Jos 7.18-22** La naturaleza pecadora de Acán lo llevó a robar.

217. *¿Por qué pedimos que se haga la voluntad de Dios?*

Sabemos que la voluntad de Dios siempre se hará, pero pedimos que su buena y misericordiosa voluntad se haga en nuestras vidas. "Como también sin nuestras peticiones, se santificará su nombre y vendrá su reino, así también se hará su voluntad y se impondrá, aunque el diablo con todos sus adictos vociferen fuertemente contra ello, se encolericen y se agiten y traten de extirpar del todo el evangelio. Pero, por nosotros hemos de rogar que, pese al furor de ellos, la voluntad de Dios impere libremente entre nosotros para que nada puedan lograr y para que nosotros nos mantengamos firmes contra toda violencia y persecución y nos sometamos a la voluntad de Dios" (Catecismo Mayor III).

757 **Sal 115.3** Nuestro Dios está en los cielos, y él hace todo lo que quiere hacer.

758 **Sal 43.3** Envía tu luz y tu verdad; ellas me guiarán hasta tu santo monte, me conducirán hasta el templo donde habitas.

759 **Fil 1.21** Porque para mí el vivir es Cristo, y el morir es ganancia.

H.B. **Sal 2** La impotencia de los enemigos de Dios. **Hch 9.1-19** La conversión de Pablo.

218. ***¿Cómo se hace la voluntad de Dios en nuestras vidas?***

La voluntad de Dios se hace cuando

A. él quebranta e impide los planes del diablo, del mundo y de nuestra naturaleza pecadora, los cuales tratan de destruir nuestra fe en Jesucristo;

760 **Ro 16.20** Muy pronto el Dios de paz aplastará a Satanás bajo los pies de ustedes. Que la gracia de nuestro Señor Jesucristo sea con ustedes.

761 **2 Ti 1.12** Por eso mismo padezco esto. Pero no me avergüenzo, porque yo sé a quién he creído, y estoy seguro de que él es poderoso para guardar mi depósito para aquel día.

B. él nos fortalece y nos guarda firmes en su Palabra y en la fe y nos ayuda a vivir de una manera agradable a Dios;

762 **1 P 1.5** A ustedes, que por medio de la fe son protegidos por el poder de Dios, para que alcancen la salvación, lista ya para manifestarse cuando llegue el momento final.

763 **Sal 119.35** Encamíname hacia tus mandamientos, porque en ellos me deleito.

C. él nos sustenta en todas nuestras dificultades hasta que morimos.

764 **Ro 8.28** Ahora bien, sabemos que Dios dispone todas las cosas para el bien de los que lo aman, es decir, de los que él ha llamado de acuerdo a su propósito.

765 **2 Co 12.9** Él me ha dicho: "Con mi gracia tienes más que suficiente, porque mi poder se perfecciona en la debilidad."

H.B. **Gn 50.15-21** Dios obstaculizó la maldad de los hermanos de José y lo mantuvo fiel. **Job 1.1-2.6** Dios no dejó que el diablo destruyera a Job.

La cuarta petición

El pan nuestro de cada día, dánoslo hoy.

¿Qué quiere decir esto?

Dios da diariamente el pan, también sin nuestra súplica, aun a todos los malos; pero rogamos en esta petición que él nos haga reconocer esto y así recibamos nuestro pan cotidiano con gratitud.

¿Qué es el pan cotidiano?
El pan cotidiano incluye todo aquello que se necesita como alimento y para satisfacción de las necesidades de esta vida, como: comida, bebida, vestido, calzado, casa, hogar, tierras, ganado, dinero, bienes; piadoso cónyuge, piadosos hijos, piadosos criados, autoridades piadosas y fieles; buen gobierno, buen tiempo; paz, salud, buen orden, buena reputación, buenos amigos, fieles vecinos, y cosas semejantes a éstas.

219. *¿Por qué pedimos a Dios por el pan cotidiano?*

Pedimos a Dios por el pan cotidiano, que incluye todo lo que tiene que ver con el sostén y las necesidades del cuerpo, porque Cristo quiere que

A. reconozcamos que toda nuestra vida, y la de todos los demás, depende de Dios;

766 **Sal 145.15-16** Todos fijan en ti su mirada, y tú les das su comida a su tiempo. Cuando abres tus manos, colmas de bendiciones a todos los seres.

767 **Mt 5.45** [Dios] hace salir su sol sobre malos y buenos, y... hace llover sobre justos e injustos.

768 **Hch 17.28** En él vivimos, y nos movemos, y somos.

769 **Stg 4.15** Lo que deben decir es: "Si el Señor quiere, viviremos y haremos esto o aquello."

B. recibamos nuestras bendiciones físicas con gratitud;

770 **Sal 106.1** ¡Alabemos al Señor, porque él es bueno, porque su misericordia permanece para siempre!

771 **Ef 5.19-20** Hablen entre ustedes con salmos, himnos y cánticos espirituales; canten y alaben al Señor con el corazón, y den siempre gracias por todo al Dios y Padre, en el nombre de nuestro Señor Jesucristo.

772 **1 Ti 4.4-5** Porque todo lo que Dios creó es bueno, y nada es desechable, si se toma con acción de gracias, pues por la palabra de Dios y por la oración es santificado.

C. esperemos de Dios tanto bendiciones físicas como espirituales.

773 **Sal 91.15** Él me invocará, y yo le responderé; estaré con él en medio de la angustia. Yo lo pondré a salvo y lo glorificaré.

774 **Mt 6.33** Busquen primeramente el reino de Dios y su justicia, y todas estas cosas les serán añadidas.

775 **Lc 7.3** Cuando el centurión oyó hablar de Jesús, envió a unos ancianos de los judíos para que le rogaran que fuera a sanar a su siervo.

H.B. **Mc 10.46-52** Jesús sanó al ciego Bartimeo. **Lc 17.11-19** Jesús sanó a diez leprosos.

220. *¿Cómo nos provee Dios de nuestro pan cotidiano?*

Él hace producir la tierra y nos bendice con la habilidad de trabajar por las cosas que necesitamos.

776 **Sal 104.14** Haces crecer la hierba para los ganados, y las plantas que el hombre cultiva para sacar de la tierra el pan que come.

777 **2 Ts 3.10-12** Cuando estábamos con ustedes, también les ordenamos esto: "Si alguno no quiere trabajar, que tampoco coma." Y es que nos hemos enterado de que algunos de ustedes viven desordenadamente, y no trabajan en nada, y se entrometen en lo ajeno. A tales personas les ordenamos y exhortamos, por nuestro Señor Jesucristo, que simplemente se pongan a trabajar y se ganen su propio pan.

221. ***¿Qué quiere Dios que hagamos por aquellos que no pueden trabajar por el pan de cada día?***

Dios no quiere que seamos egoístas sino que compartamos con los que no pueden trabajar y que los incluyamos en nuestras oraciones por el pan de cada día.

778 **1 Ti 5.8** Si alguno no provee para los suyos, y especialmente para los de su casa, niega la fe y es peor que un incrédulo.

779 **Heb 13.16** No se olviden de hacer bien ni de la ayuda mutua, porque éstos son los sacrificios que agradan a Dios.

780 **1 Jn 3.17-18** Pero ¿cómo puede habitar el amor de Dios en aquel que tiene bienes de este mundo y ve a su hermano pasar necesidad, y le cierra su corazón? Hijitos míos, no amemos de palabra ni de lengua, sino de hecho y en verdad.

222. ***¿Por qué nos enseña Jesús a decir: "de cada día" y "dánoslo hoy"?***

Estas palabras nos enseñan a no ser avaros o derrochadores o a preocuparnos acerca del futuro, sino a vivir contentos en la confianza de que Dios proveerá todo lo que necesitamos.

781 **Pr 30.8-9** No me des pobreza ni riquezas. Dame sólo el pan necesario, no sea que, una vez satisfecho, te niegue y diga: "¿Y quién es el Señor?" O que, por ser pobre, llegue yo a robar y ofenda el nombre de mi Dios.

782 **Mt 6.34** No se preocupen por el día de mañana, porque el día de mañana traerá sus propias preocupaciones. ¡Ya bastante tiene cada día con su propio mal!

783 **Jn 6.12** Cuando quedaron saciados, les dijo a sus discípulos: "Recojan los pedazos que sobraron, para que no se pierda nada."

784 **1 Ti 6.8** Si tenemos sustento y abrigo, contentémonos con eso.

785 **1 P 5.7** Descarguen en él todas sus angustias, porque él tiene cuidado de ustedes.

H.B. **Lc 12.15-21** La parábola del rico insensato.

La quinta petición

Y perdónanos nuestras deudas, así como nosotros perdonamos a nuestros deudores.

¿Qué quiere decir esto?

Con esta petición rogamos al Padre celestial que no tome en cuenta nuestros pecados, ni por causa de ellos nos niegue lo que pedimos. En efecto, nosotros no somos dignos de recibir nada de lo que imploramos, ni tampoco lo hemos merecido. Pero quiera Dios dárnoslo todo por su gracia, pues diariamente pecamos mucho y sólo merecemos el castigo. Así, por cierto, también por nuestra parte perdonemos de corazón, y con agrado hagamos bien a los que contra nosotros pecaren.

223. ***¿Qué confesamos cuando oramos esta petición?***

Confesamos que pecamos diariamente y que no merecemos otra cosa que castigo.

786 **Pr 28.13** El que encubre sus pecados no prospera; el que los confiesa y se aparta de ellos alcanza la misericordia divina.

224. ***¿Qué rogamos en la quinta petición?***

Rogamos que el Padre en el cielo, por los méritos de Cristo, y por su gracia, nos perdone nuestros pecados.

787 **Sal 19.12** ¿Acaso hay quien reconozca sus propios errores? ¡Perdóname por los que no puedo recordar!

788 **Sal 51.1-2** Dios mío, por tu gran misericordia, ¡ten piedad de mí!; por tu infinita bondad, ¡borra mis rebeliones! Lávame más y más de mi maldad; ¡límpiame de mi pecado!

789 **Sal 130.3-4** Señor, Señor, si tuvieras en cuenta la maldad, ¿quién podría mantenerse en pie? Pero en ti encontramos perdón, para que te honremos.

790 **Lc 18.13** Dios mío, ten misericordia de mí, porque soy un pecador.

225. ***¿Por qué incluimos una oración para el perdón de los pecados en estas peticiones a nuestro Padre celestial?***

Nosotros no hemos merecido ni somos dignos de las cosas por las cuales oramos. Por eso necesitamos el perdón de Dios para que podamos orar con confianza y con una buena conciencia.

"Cuando el corazón no está en la recta relación con Dios... jamás se atreverá a orar. Semejante confianza y tal corazón feliz no pueden venir de ninguna parte, a menos que se sepa que nuestros pecados nos han sido perdonados" (Catecismo Mayor III).

791 **Gn 32.10** Yo soy menor que todas las misericordias y que toda la verdad con que has tratado a este siervo tuyo.

792 **Sal 32.5** Me dije: "Confesaré al Señor mi rebeldía", y tú perdonaste la maldad de mi pecado.

226. ***¿Qué quiere Dios que hagamos a aquellos que pecan contra nosotros?***

Nuestro Padre celestial quiere que perdonemos y que hagamos bien a los que pecan contra nosotros.

793 **Mt 6.12** Perdónanos nuestras deudas, como también nosotros perdonamos a nuestros deudores.

794 **Mt 18.21-22** Entonces se le acercó Pedro y le dijo: "Señor, si mi hermano peca contra mí, ¿cuántas veces debo perdonarlo? ¿Hasta siete veces?" Jesús le dijo: "No te digo que hasta siete veces, sino hasta setenta veces siete."

795 **Ef 4.32** Sean bondadosos y misericordiosos, y perdónense unos a otros, así como también Dios los perdonó a ustedes en Cristo.

227. ***¿Qué se demuestra cuando perdonamos a otros?***

Se demuestra que verdaderamente creemos que Dios nos ha perdonado.

"Todos los días nos endeudamos mucho con Dios y, no obstante, nos remite todo por gracia. En la misma forma debemos perdonar siempre también a nuestro prójimo que nos inflige daño, violencia e injusticia y nos muestra una malignidad pérfida, etc. Si tú no perdonas, no pienses que Dios te perdonará" (Catecismo Mayor III 94).

796 **Mt 6.14-15** Si ustedes perdonan a los otros sus ofensas, también su Padre celestial los perdonará a ustedes. Pero si ustedes no perdonan a los otros sus ofensas, tampoco el Padre de ustedes les perdonará sus ofensas.

H.B. **Gn 50.15-21** José perdonó a sus hermanos. **Mt 18.23-35** La parábola del siervo que no quiso perdonar.

La sexta petición

Y no nos dejes caer en la tentación.

¿Qué quiere decir esto?

Dios, en verdad, no tienta a nadie; pero con esta petición le rogamos que nos guarde y preserve, a fin de que el diablo, el mundo y nuestra carne, no nos engañen y seduzcan, llevándonos a una fe errónea, a la desesperación y a otras grandes vergüenzas y vicios. Y aun cuando fuéremos tentados a ello, que al fin logremos vencer y retener la victoria.

228. ***¿Qué significa** tentar **y** tentación **en las Escrituras?***

Estas palabras tienen dos significados en las Escrituras:

A. Cuando Dios tienta o pone a prueba nuestra fe, lo cual hace para acercarnos más a él.

797 **Jn 6.5-6** Cuando Jesús alzó la vista y vio que una gran multitud se acercaba a él, le dijo a Felipe: "¿Dónde compraremos pan, para que éstos coman?" Pero decía esto para ponerlo a prueba, pues él ya sabía lo que estaba por hacer.

798 **Stg 1.2-3** Hermanos míos, considérense muy dichosos cuando estén pasando por diversas pruebas. Bien saben que, cuando su fe es puesta a prueba, produce paciencia.

H.B. **Gn 22.1-19** El Señor tentó a Abrahán al ordenarle que sacrificara a Isaac. **Mt 15.21-28** Cristo probó la fe de la mujer cananea.

B. Los intentos de nuestros enemigos espirituales para alejarnos de Dios y de sus caminos.

799 **Mc 14.38** Manténganse despiertos, y oren, para que no caigan en tentación. A decir verdad, el espíritu está dispuesto, pero la carne es débil.

800 **Stg 1.13-14** Cuando alguien sea tentado, no diga que ha sido tentado por Dios, porque Dios no tienta a nadie, ni tampoco el mal puede tentar a Dios. Al contrario, cada uno es tentado cuando se deja llevar y seducir por sus propios malos deseos.

229. ***¿A qué clases de maldad tratan de descarriarnos nuestros enemigos espirituales?***

El diablo, el mundo y nuestra naturaleza pecadora tratan de descarriarnos a la incredulidad, a la desesperación y a otros graves pecados.

801 **1 P 5.8-9** Sean prudentes y manténganse atentos, porque su enemigo es el diablo, y él anda como un león rugiente, buscando a quien devorar. Pero ustedes, manténganse firmes y háganle frente. Sepan que en todo el mundo sus hermanos están enfrentando los mismos sufrimientos.

802 **Pr 1.10** Hijo mío, si los pecadores quisieran engañarte, no te dejes llevar por ellos.
803 **Mt 18.7** ¡Ay del mundo por los tropiezos! Es necesario que vengan tropiezos, pero ¡ay de aquél por quien viene el tropiezo!
804 **Gl 5.17** Porque el deseo de la carne se opone al Espíritu, y el del Espíritu se opone a la carne.
805 **2 Co 4.8** Estamos atribulados en todo, pero no angustiados; en apuros, pero no desesperados.

H.B. **Gn 3** El diablo tentó a Eva a que dudara y desobedeciera a Dios. **Jn 13.2** El diablo tentó a Judas a que traicionara a Cristo**Mt 27.4-5** Judas, desesperado, se ahorcó. **Lc 22.54-60** Estando entre los enemigos de Cristo, Pedro negó a su Salvador. **2 S 12.9** La naturaleza pecadora del rey David lo indujo a cometer adulterio y asesinato.

230. ***¿Qué rogamos a Dios en esta petición?***

Pedimos a nuestro Padre en los cielos que nos dé fuerza para resistir y vencer las tentaciones.

806 **Lc 22.31-32** Simón, Simón, Satanás ha pedido sacudirlos a ustedes como si fueran trigo; pero yo he rogado por ti, para que no te falte la fe.
807 **Ro 13.14** Revistámonos del Señor Jesucristo, y no busquemos satisfacer los deseos de la carne.
808 **1 Co 10.12-13** Así que, el que crea estar firme, tenga cuidado de no caer. A ustedes no les ha sobrevenido ninguna tentación que no sea humana; pero Dios es fiel y no permitirá que ustedes sean sometidos a una prueba más allá de lo que puedan resistir, sino que junto con la prueba les dará la salida, para que puedan sobrellevarla.
809 **Ef 6.11, 17** Revístanse de toda la armadura de Dios, para que puedan hacer frente a las asechanzas del diablo... Cúbranse con el casco de la salvación, y esgriman la espada del Espíritu, que es la palabra de Dios.

H.B. **Gn 39.1-20** José resistió a la tentación de la esposa de Potifar. **Mt 4.1-11** Jesús fue tentado por Satanás y ganó la victoria por nosotros.

La séptima petición

Mas líbranos del mal.

¿Qué quiere decir esto?

Con esta petición rogamos, como en resumen, que el Padre celestial nos libre de todo lo que puede perjudicar nuestro cuerpo y alma, nuestros bienes y honra, y que al fin, cuando llegue nuestra última hora, nos conceda un fin bienaventurado, y, por su gracia, nos lleve de este valle de lágrimas al cielo, para morar con él.

231. ***¿Qué clase de oración es la séptima petición?***

La séptima petición es una oración en la que, en resumen, pedimos a nuestro Padre celestial que nos rescate del diablo y de toda la maldad que ha venido al mundo a causa del pecado.

810 **Sal 121.7-8** El Señor te librará de todo mal; el Señor protegerá tu vida. El Señor te estará vigilando cuando salgas y cuando regreses, desde ahora y hasta siempre.

811 **2 Ts 3.3** El Señor es fiel, y él los fortalecerá y guardará del mal.

232. ***¿Cómo nos rescata el Señor de toda maldad de alma y cuerpo, posesiones y reputación?***

En un mundo arruinado por el pecado, el Señor nos guarda del mal y nos ayuda a soportar las tribulaciones que él permite lleguen a nuestras vidas.

812 **Hch 14.22** Para entrar en el reino de Dios nos es necesario pasar por muchas tribulaciones.

813 **Sal 91.9-10** Por haber puesto al Señor por tu esperanza, por poner al Altísimo como tu protector, no te sobrevendrá ningún mal, ni plaga alguna tocará tu casa.

814 **2 Co 12.9** Con mi gracia tienes más que suficiente, porque mi poder se perfecciona en la debilidad.

815 **Pr 3.11-12** Hijo mío, no desdeñes la corrección del Señor; no te sientas mal cuando te reprenda. El Señor corrige al que ama como lo hace el padre con su hijo amado.

H.B. **Dn 3** Los tres hombres en el horno de fuego. **Dn 6** Daniel en el foso de los leones.

233. ***¿Cuál es el último rescate del mal que pedimos nos conceda el Señor?***

Queremos que nuestro Padre celestial nos guarde fieles a él y que cuando nos llegue la muerte nos saque de este mundo de dolores y nos lleve a sí mismo en el cielo.

816 **Lc 2.29-32** Señor, ahora despides a este siervo tuyo, y lo despides en paz, de acuerdo a tu palabra. Mis ojos han visto ya tu salvación, que has preparado a la vista de todos los pueblos: luz reveladora para las naciones, y gloria para tu pueblo Israel.

817 **2 Ti 4.18** El Señor me librará de toda obra mala, y me preservará para su reino celestial. A él sea la gloria por los siglos de los siglos. Amén.

818 **Ap 14.13** De aquí en adelante, bienaventurados sean los que mueren en el Señor.

819 **Ap 21.4** Dios enjugará las lágrimas de los ojos de ellos, y ya no habrá muerte, ni más llanto, ni lamento ni dolor; porque las primeras cosas habrán dejado de existir.

Conclusión

Porque tuyo es el reino, el poder y la gloria por los siglos de los siglos. Amén.

¿Qué quiere decir esto?

Que debo estar en la certeza de que el Padre celestial acepta estas peticiones y las atiende; pues él mismo nos ha ordenado a orar así y ha prometido atendernos. Amén, amén, quiere decir: Sí, sí, que así sea.

234. ***¿Por qué terminamos el Padrenuestro con la palabra*** *amén?*

La palabra *amén* significa "así sea" y enfatiza que Dios, el cual nos ha mandado a orar, escuchará nuestras oraciones y las contestará como lo ha prometido.

820 **Sal 50.15** Invócame en el día de la angustia; yo te libraré, y tú me honrarás.

821 **Pr 15.8** El Señor aborrece las ofrendas de los impíos, pero recibe con agrado la oración de los rectos.

822 **Pr 15.29** El Señor está lejos de los impíos, pero oye la oración de los justos.

235. *¿Cómo sé que Dios es capaz de responder las oraciones de su pueblo en Cristo Jesús?*

A. Él solo es el rey que tiene todos los buenos dones bajo su control.

823 **Stg 1.17** Toda buena dádiva y todo don perfecto descienden de lo alto, del Padre de las luces, en quien no hay cambio ni sombra de variación.

824 **Sal 103.2-3** ¡Bendice, alma mía, al Señor, y no olvides ninguna de sus bendiciones! El Señor perdona todas tus maldades, y sana todas tus dolencias.

B. Sólo él tiene el poder de concedernos nuestras peticiones.

825 **Sal 33.6** Con su palabra, el Señor hizo los cielos; todo lo creado lo hizo con un soplo de su boca.

826 **Ef 3.20-21** Y a Aquel que es poderoso para hacer que todas las cosas excedan a lo que pedimos o entendemos, según el poder que actúa en nosotros, a él sea dada la gloria en la iglesia en Cristo Jesús por todas las generaciones, por los siglos de los siglos. Amén.

C. Él tiene toda la gloria y es digno de nuestra alabanza.

827 **Sal 113.4-5** El Señor está por encima de todas las naciones; ¡su gloria sobrepasa las alturas de los cielos! ¿Quién como el Señor nuestro Dios? El Señor tiene su trono en las alturas.

828 **1 Ti 1.17** Al Rey de los siglos, al inmortal e invisible, al único y sabio Dios, sean el honor y la gloria por los siglos de los siglos. Amén.

LOS SACRAMENTOS

236. *¿Qué es un sacramento?*

Un sacramento es un acto sagrado

A. ordenado por Dios,

B. en el cual Dios mismo ha unido su Palabra de promesa a un elemento visible,

C. y por medio del cual, Dios nos ofrece, da y sella el perdón de los pecados logrado por Cristo.

Nota: La palabra *sacramento* viene a nosotros de la Biblia en latín, como traducción de la palabra griega *misterio*. Primero esta palabra describía todas las verdades salvadoras de la fe, como la Trinidad, la encarnación, la redención, la iglesia (ver por ejemplo **1 Co 4.1**; **Ef 5.32** y **1 Ti 3.16**). Luego se limitó su significado al que tiene ahora.

237. *¿Cuántos sacramentos hay?*

De acuerdo con esta definición hay dos sacramentos: el Santo Bautismo y la Cena del Señor.

Nota: A veces la santa absolución es contada como un tercer sacramento, aunque no tiene un elemento visible instituido divinamente (Catecismo Mayor IV; Apología XIII).

829 **Hch 2.38** Y Pedro les dijo: "Arrepiéntanse, y bautícense todos ustedes en el nombre de Jesucristo, para que sus pecados les sean perdonados. Entonces recibirán el don del Espíritu Santo."

830 **1 Co 10.16** La copa de bendición por la cual damos gracias, ¿no es la comunión de la sangre de Cristo? Y el pan que partimos, ¿no es la comunión del cuerpo de Cristo?

238. *¿Por qué hemos de apreciar los sacramentos cuando el agua, el pan y el vino son elementos tan comunes?*

"Por esta razón, nosotros siempre hemos enseñado que no se deba considerar los sacramentos y todas las cosas externas, ordenados e instituidos por Dios conforme a su apariencia basta y externa, tal como se ve solamente la cáscara de la nuez; sino que, al contrario, hay que ver cómo la palabra de Dios está encerrada en ellas" (Catecismo Mayor IV).

831 **1 Co 1.28** Dios escogió lo vil del mundo y lo menospreciado, y lo que no es, para deshacer lo que es.

H.B. **2 R 5.1-14** Por la promesa de Dios, el río Jordán tuvo el poder de curar la lepra de Naamán.

EL SACRAMENTO DEL SANTO BAUTISMO

I. La naturaleza del Bautismo

Primero

¿Qué es el Bautismo?

El Bautismo no es simple agua solamente, sino que es agua comprendida en el mandato divino y ligada con la palabra de Dios.

¿Qué palabra de Dios es ésta?

Nuestro Señor Jesucristo dice en el último capítulo del Evangelio según San Mateo: "Vayan, pues, a las gentes de todas las naciones, y háganlas mis discípulos; bautícenlas en el nombre del Padre, del Hijo y del Espíritu Santo." [Mt 28.19]

239. ***¿Qué significa la palabra bautizar?***

Bautizar significa aplicar agua sumergiendo, lavando, derramando, o rociando.

832 **Mc 7.4** Cuando vuelven del mercado, no comen si antes no se lavan. Y conservan también muchas otras tradiciones, como el lavar [bautizar] los vasos en que beben, los jarros, los utensilios de metal, y las camas.

Nota: El bautismo en el Espíritu Santo consiste en el derramamiento del Espíritu de Dios (**Mt 3.11**; **Hch 1.5**; **Hch 2.17-18**).

240. ***¿Qué hay de especial con el agua del Bautismo?***

"No es otra cosa que un agua de Dios; no que esta agua sea en ella misma más noble que otra agua, sino porque la palabra y el mandamiento de Dios se le agregan" (Catecismo Mayor IV).

241. *¿Quién instituyó el Santo Bautismo?*
Dios mismo instituyó el Santo Bautismo, pues nuestro Señor Jesucristo, en el último capítulo de San Mateo, ordenó a su iglesia bautizar a todas las naciones.

833 **Mt 28.18-20** Jesús se acercó y les dijo: "Toda autoridad me ha sido dada en el cielo y en la tierra. Por tanto, vayan y hagan discípulos en todas las naciones, y bautícenlos en el nombre del Padre, y del Hijo, y del Espíritu Santo. Enséñenles a cumplir todas las cosas que les he mandado."

242. *¿Qué significa bautizar en el nombre del Padre, y del Hijo y del Espíritu Santo?*
Significa que en el Bautismo Dios me recibe a mí en la comunión de la Santa Trinidad.

243. *¿Quién debe administrar el Bautismo?*
Por lo regular deben administrar el Bautismo los ministros debidamente llamados de Cristo, pero en casos de emergencia o cuando no se consiga pastor, cualquier cristiano puede hacerlo.

834 **1 Co 4.1** Todos deben considerarnos servidores de Cristo y administradores de los misterios de Dios.

Nota: Ver Orden para el Bautismo de emergencia al final de esta sección.

244. *¿Quién debe ser bautizado?*
Deben bautizarse a "todas las naciones", esto es, todos los seres humanos, niños y adultos.

245. *¿Qué distinción debe hacerse al bautizar?*

A. Los que pueden recibir instrucción deben ser bautizados después de haber sido enseñados en las partes principales de la fe cristiana.

835 **Hch 2.38-39** Y Pedro les dijo: "Arrepiéntanse, y bautícense todos ustedes en el nombre de Jesucristo, para que sus pecados les sean perdonados. Entonces recibirán el don del Espíritu Santo. Porque la promesa es para ustedes y para sus hijos, para todos los que están lejos, y para todos aquellos a quienes el Señor nuestro Dios llame."

836 **Hch 2.41** Los que recibieron su palabra fueron bautizados.

H.B. **Hch 8.26-39** El Etíope fue instruido antes de ser bautizado. **Hch 16.25-33** El carcelero fue instruido antes de ser bautizado.

B. Los niños pequeños deben ser bautizados cuando sean traídos por los que tienen autoridad sobre ellos.

837 **Mc 10.13-15** Llevaron unos niños a Jesús para que los tocara, pero los discípulos reprendieron a quienes los habían llevado. Al ver esto, Jesús se indignó y les dijo: "Dejen que los niños se acerquen a mí. No se lo impidan, porque el reino de Dios es de los que son como ellos. De cierto les digo que el que no reciba el reino de Dios como un niño, no entrará en él."

246. *¿Por qué debe bautizarse a los bebés?*
Se debe bautizar a los bebés porque:

A. ellos están incluidos en las palabras: todas las naciones;

838 **Mt 28.19** Por tanto, vayan y hagan discípulos en todas las naciones, y bautícenlos en el nombre del Padre, y del Hijo, y del Espíritu Santo.

839 Hch 2.38-39 Arrepiéntanse, y bautícense todos ustedes en el nombre de Jesucristo, para que sus pecados les sean perdonados. Entonces recibirán el don del Espíritu Santo. Porque la promesa es para ustedes y para sus hijos.

B. Jesús invita especialmente a los niños pequeños a venir a él;

840 Lc 18.15-17 La gente llevaba los niños a Jesús, para que él los tocara. Cuando los discípulos vieron esto, los reprendieron; pero Jesús los llamó y les dijo: "Dejen que los niños se acerquen a mí. No se lo impidan, porque el reino de los cielos es de los que son como ellos. De cierto les digo: el que no recibe el reino de Dios como un niño, no entrará en él."

C. los niños son pecadores y necesitan lo que el Bautismo ofrece;

841 Jn 3.5-6 De cierto, de cierto te digo, que el que no nace de agua y del Espíritu, no puede entrar en el reino de Dios. Lo que nace de la carne, carne es; y lo que nace del Espíritu, espíritu es.

842 Ef 2.3 Éramos por naturaleza objetos de ira, como los demás.

D. los niños también pueden creer.

843 **Mt 18.6** A cualquiera que haga tropezar a alguno de estos pequeños que creen en mí, más le valdría que le colgaran al cuello una piedra de molino, y que lo hundieran en el fondo del mar.

H.B. **Lc 1.15** Juan Bautista estaba lleno del Espíritu Santo desde el vientre de su madre, **1.41-44** y aun antes de nacer.

247. ***¿Por qué anima la iglesia el uso de padrinos en el Bautismo?***

Los padrinos testifican que los que fueron bautizados han sido bautizados debidamente; también oran por ellos, y en el caso de los niños, cuidan de la educación cristiana de sus ahijados, especialmente si ellos llegasen a perder a sus padres. Sólo los que confiesan la misma fe debieran ser padrinos.

844 **Mt 18.16** Que todo lo que se diga conste en labios de dos o tres testigos.

845 **Ef 4.16** De quien [Cristo] todo el cuerpo, bien concertado y unido entre sí por todas las coyunturas que se ayudan mutuamente, según la actividad propia de cada miembro, recibe su crecimiento para ir edificándose en amor.

II. Las bendiciones del Bautismo

Segundo

¿Qué beneficios confiere el Bautismo?

El Bautismo obra el perdón de los pecados, rescata de la muerte y del diablo y da salvación eterna a todos los que creen esto, como lo declaran las palabras y promesas de Dios.

¿Cuáles son esas promesas y palabras de Dios?

Nuestro Señor Jesucristo dice en el último capítulo de Marcos: "El que crea y sea bautizado, se salvará; pero el que no crea, será condenado." [**Mc 16.16**]

248. ***¿Qué grandes y preciosas cosas se nos dan en el Bautismo?***

El Bautismo:

A. obra el perdón de los pecados;

846 **Hch 2.38** Arrepiéntanse, y bautícense todos ustedes en el nombre de Jesucristo, para que sus pecados les sean perdonados.

847 **Hch 22.16** ¡Levántate y bautízate, e invoca su nombre, para que quedes limpio de tus pecados!

B. rescata de la muerte y del diablo;

848 **Ro 6.3, 5** ¿No saben ustedes que todos los que fuimos bautizados en Cristo Jesús, fuimos bautizados en su muerte?... Porque si nos hemos unido a Cristo en su muerte, así también nos uniremos a él en su resurrección.

849 **Gl 3.27** Porque todos ustedes, los que han sido bautizados en Cristo, están revestidos de Cristo.

850 **Col 1.13-14** También nos ha librado del poder de la oscuridad y nos ha trasladado al reino de su amado Hijo, en quien tenemos redención por su sangre, el perdón de los pecados (comparar con **Col 2.11-12**).

C. da salvación eterna.

851 **Mc 16.16** El que crea y sea bautizado, se salvará.

852 **1 P 3.21** Todo esto es símbolo del bautismo... que ahora nos salva por la resurrección de Jesucristo.

853 **Tit 3.5** Nos salvó, y no por obras de justicia que nosotros hubiéramos hecho, sino por su misericordia, por el lavamiento de la regeneración y por la renovación en el Espíritu Santo.

249. ***Si Cristo ya ha ganado el perdón y la salvación por nosotros y nos otorga esas bendiciones por gracia, ¿por qué todavía necesitamos el Bautismo?***

Ciertamente Cristo ha ganado perdón completo y salvación para toda la raza humana por medio de su vida perfecta, sufrimiento, muerte y resurrección. Él distribuye ese mismo perdón por medio del Bautismo (el Bautismo es un medio de gracia).

854 **1 Co 6.11** Ya han sido lavados, ya han sido santificados, ya han sido justificados en el nombre del Señor Jesús, y por el Espíritu de nuestro Dios.

855 **Tit 3.5-7** Nos salvó, y no por obras de justicia que nosotros hubiéramos hecho, sino por su misericordia, por el lavamiento de la regeneración y por la renovación en el Espíritu Santo, el cual derramó en nosotros abundantemente por Jesucristo, nuestro Salvador, para que al ser justificados por su gracia viniéramos a ser herederos conforme a la esperanza de la vida eterna.

250. ***¿A quién concede el santo Bautismo todas estas bendiciones?***

El Bautismo concede estas bendiciones a todos los que creen las promesas salvadoras de Dios.

856 **Mc 16.16** El que crea y sea bautizado, se salvará; pero el que no crea, será condenado.

251. ***¿Es posible que se salve una persona no bautizada?***

Sólo la falta de fe condena. No puede haber fe en la persona que a sabiendas desprecia y rechaza el Bautismo. Pero los que creen en el evangelio y mueren sin haber tenido la oportunidad de ser bautizados, no son condenados.

857 **Mc 16.16** El que no crea, será condenado.
H.B. **Lc 7.30** Los fariseos y expertos en la ley, en incredulidad rechazaron el bautismo de Juan.**Lc 23.39-43** El ladrón en la cruz fue salvado sin el Bautismo.

252. ***¿Por qué no debemos buscar el "bautismo en el Espíritu Santo" además del sacramento del Santo Bautismo?***

No debemos buscar otro "bautismo" aparte del Bautismo sacramental porque

A. hoy no hay otro bautismo dado por Dios aparte del sacramento del santo Bautismo;

858 **Ef 4.5** Un Señor, una fe, un bautismo.

Nota: La "doctrina acerca de bautismos" (**Heb 6.2**) no significa de que hay muchos bautismos cristianos, pero que el único y verdadero Bautismo debe distinguirse claramente de los muchos lavamientos religiosos que eran bastante comunes en el mundo antiguo (ver por ejemplo **Mc 7.4**).

B. el sacramento no es un bautismo de solamente agua o de solamente Espíritu, sino es un Bautismo de agua y del Espíritu;

859 **Jn 3.5** El que no nace de agua y del Espíritu, no puede entrar en el reino de Dios.
860 **Tit 3.5** Nos salvó, y no por obras de justicia que nosotros hubiéramos hecho, sino por su misericordia, por el lavamiento de la regeneración y por la renovación en el Espíritu Santo.

*Nota:***Mat 3.11** habla del bautismo "en agua" y "en el Espíritu Santo y fuego." La diferencia aquí no es entre el Bautismo sacramental y alguna especie de "bautismo en el Espíritu," sino entre la misión preparatoria y el bautismo de Juan el Bautista y la completa y permanente misión y bautismo de Jesucristo. Mientras el bautismo de Juan también confería el perdón de los pecados, era diferente en que señalaba hacia la obra redentora del Salvador.

C. las señales especiales dadas por el Espíritu Santo no fueron otro "bautismo," sino confirmaban la verdad y el poder de la predicación de los apóstoles.

861 **Hch 19.6** Cuando Pablo les impuso las manos sobre la cabeza, el Espíritu Santo vino sobre ellos, y empezaron a hablar en lenguas y a profetizar.
862 **2 Co 12.12** Con todo, las señales de apóstol se han realizado entre ustedes con toda paciencia, por medio de señales, prodigios y milagros.

Nota: Ver la pregunta 164.

III. El poder del Bautismo

Tercero

¿Cómo puede el agua hacer cosas tan grandes?

El agua en verdad no las hace, sino la palabra de Dios que está con el agua y unida a ella, y la fe que confía en dicha palabra de Dios ligada con el agua, porque, sin la palabra de Dios, el agua es simple agua, y no es Bautismo; pero con la palabra de Dios, sí es Bautismo, es decir, es un agua de vida, llena de gracia, y un lavamiento de regeneración en el Espíritu Santo, como San

Pablo dice a Tito en el tercer capítulo: "Nos salvó, y no por obras de justicia que nosotros hubiéramos hecho, sino por su misericordia, por el lavamiento de la regeneración y por la renovación en el Espíritu Santo, el cual derramó en nosotros abundantemente por Jesucristo, nuestro Salvador, para que al ser justificados por su gracia viniéramos a ser herederos conforme a la esperanza de la vida eterna. Ésta es palabra fiel." (**Tit 3.5-8**).

253. ***¿Cómo puede el agua bautismal obrar perdón de pecados, rescatar de la muerte y del diablo y dar salvación eterna?***

Las palabras de institución de Dios ponen estas grandes bendiciones en el Bautismo. La fe, que confía en esta palabra de Dios ligada con el agua, toma esas bendiciones y se las apropia.

863 **Ef 5.25-26** Cristo amó a la iglesia, y se entregó a sí mismo por ella, para santificarla. Él la purificó en el lavamiento del agua por la palabra.

864 **Gl 3.26-27** Todos ustedes son hijos de Dios por la fe en Cristo Jesús. Porque todos ustedes, los que han sido bautizados en Cristo, están revestidos de Cristo.

254. ***¿Por qué llaman las Sagradas Escrituras al Bautismo el lavamiento de la regeneración y de la renovación en el Espíritu Santo?***

En el Bautismo el Espíritu Santo produce la fe y así crea en nosotros una nueva vida espiritual con el poder de vencer al pecado.

865 **Ro 6.6** Sabemos que nuestro antiguo yo fue crucificado juntamente con él, para que el cuerpo del pecado sea destruido, a fin de que no sirvamos más al pecado.

866 **Tit 3.5-8** Nos salvó, y no por obras de justicia que nosotros hubiéramos hecho, sino por su misericordia, por el lavamiento de la regeneración y por la renovación en el Espíritu Santo, el cual derramó en nosotros abundantemente por Jesucristo, nuestro Salvador, para que al ser justificados por su gracia viniéramos a ser herederos conforme a la esperanza de la vida eterna. Ésta es palabra fiel.

IV. Lo que el Bautismo significa

Cuarto

¿Qué significa este bautizar con agua?

Significa que el viejo Adán en nosotros debe ser ahogado por pesar y arrepentimiento diarios, y que debe morir con todos sus pecados y malos deseos; asimismo, cada día debe surgir y resucitar un nuevo hombre, que ha de vivir eternamente delante de Dios en justicia y pureza.

¿Dónde está escrito esto?

San Pablo dice en Romanos, capítulo seis: "Porque por el bautismo fuimos sepultados con él en su muerte, para que así como Cristo resucitó de los muertos por la gloria del Padre" [**Ro 6.4**]

255. ***¿Qué es el viejo Adán?***

El viejo Adán es la naturaleza corrompida y mala que heredamos a causa de la caída en pecado de Adán.

867 Ef 4.22 En cuanto a su pasada manera de vivir, despójense de su vieja naturaleza, la cual está corrompida por los deseos engañosos.

256. ***¿Cómo debe ser ahogado el viejo Adán en nosotros?***

El viejo Adán debe ser ahogado en nosotros por medio de la contrición diaria (pesar por el pecado) y el arrepentimiento (fe). Así podemos resistir y vencer los malos deseos.

868 Lc 9.23 Si alguno quiere seguirme, niéguese a sí mismo, tome su cruz cada día, y sígame.

869 Gl 5.24 Y los que son de Cristo han crucificado la carne con sus pasiones y deseos.

257. ***¿Qué es el nuevo hombre?***

El nuevo hombre es la nueva vida y naturaleza espiritual, creada en nosotros por medio de lavamiento de la regeneración.

870 2 Co 5.17 Si alguno está en Cristo, ya es una nueva creación.

258. ***¿Cómo surge y resucita en nosotros este nuevo hombre?***

El nuevo hombre surge y resucita en nosotros cuando cada día vivimos y crecemos delante de Dios en verdadera fe y buenas obras.

871 **Ef 4.24** Revístanse de la nueva naturaleza, creada en conformidad con Dios en la justicia y santidad de la verdad.

259. ***¿Cómo significa el Bautismo el diario ahogar del viejo Adán y el surgimiento del nuevo hombre?***

Por nuestro Bautismo hemos sido partícipes de la muerte y la resurrección de Cristo. Así como él sepultó nuestros pecados, así también nosotros diariamente podemos y debemos vencerlos y sepultarlos; y así como él resucitó de entre los muertos y vive, así también nosotros diariamente podemos y debemos andar en vida nueva delante de él.

872 Ro 6.3-4 ¿No saben ustedes que todos los que fuimos bautizados en Cristo Jesús, fuimos bautizados en su muerte? Porque por el bautismo fuimos sepultados con él en su muerte, para que así como Cristo resucitó de los muertos por la gloria del Padre, así también nosotros vivamos una vida nueva.

260. ***¿Con qué palabras recordamos regularmente nuestro Bautismo?***

Las palabras "en el nombre del Padre, del Hijo y del Espíritu Santo" vienen de la institución del Bautismo (**Mt 28.19**) y se las conoce como la invocación trinitaria. Al repetir esas palabras en la iglesia, o por nosotros mismos, recordamos, proclamamos y confesamos ante el cielo, la tierra y el infierno, todo lo que Dios, la Santa Trinidad, nos ha dado en nuestro Bautismo.

873 **Ro 8.38-39** estoy seguro de que ni la muerte, ni la vida, ni los ángeles, ni los principados, ni las potestades, ni lo presente, ni lo por venir, ni lo alto, ni lo profundo, ni ninguna otra cosa creada nos podrá separar del amor que Dios nos ha mostrado en Cristo Jesús nuestro Señor.

H.B. **Lc 3.21-22** Las tres personas de la Santísima Trinidad se revelaron en el Bautismo de nuestro Señor.

Nota: La invocación trinitaria puede ser acompañada por la señal de la cruz, hecha en nuestro Bautismo sobre nuestras frentes y corazones para señalarnos como "redimidos por Cristo, el crucificado."

Forma breve para el Bautismo de emergencia

En caso de necesidad, en ausencia del pastor, cualquier cristiano puede administrar el Santo Bautismo. Tome agua, llame a la persona por su nombre y aplique el agua diciendo: "Yo te bautizo en el nombre del Padre, y del Hijo y del Espíritu Santo. Amén." Si hay suficiente tiempo, antes del Bautismo se puede decir el Credo Apostólico y orar el Padrenuestro.

LA CONFESIÓN

"Al exhortar a confesarse, no hago otra cosa que exhortar a ser cristianos." (Catecismo Mayor, Breve Exhortación a la Confesión)

¿Qué es la confesión?

La confesión contiene dos partes. La primera, es la confesión de los pecados, y, la segunda, el recibir la absolución del confesor como de Dios mismo, no dudando de ella en lo más mínimo, sino creyendo firmemente que por ella los pecados son perdonados ante Dios en el cielo.

¿Qué pecados hay que confesar?

Ante Dios uno debe declararse culpable de todos los pecados, aún de aquellos que ignoramos, tal como lo hacemos en el Padrenuestro. Pero, ante el confesor, debemos confesar solamente los pecados que conocemos y sentimos en nuestro corazón.

¿Cuáles son tales pecados?

Considera tu estado basándote en los Diez Mandamientos, seas padre, madre, hijo, hija, esposo, esposa o servidor; si has sido desobediente, infiel, perezoso, violento, insolente, reñidor; si hiciste mal a alguno con palabras u obras; si hurtaste, fuiste negligente, derrochador, o causaste algún otro daño.

261. *¿Cuál es la primer parte de la confesión?*

La primera parte es cuando confesamos o reconocemos nuestros pecados.

874 **Sal 32.3, 5** Mientras callé, mis huesos envejecieron, pues todo el día me quejaba… Te confesé mi pecado; no oculté mi maldad. Me dije: "Confesaré al Señor mi rebeldía", y tú perdonaste la maldad de mi pecado.

875 **Sal 51.1-4** Dios mío, por tu gran misericordia, ¡ten piedad de mí!; por tu infinita bondad, ¡borra mis rebeliones! Lávame más y más de mi maldad; ¡límpiame de mi pecado! Reconozco que he sido rebelde; ¡mi pecado está siempre ante mis ojos! Contra ti, y sólo contra ti, he pecado; ¡ante tus propios ojos he hecho lo malo! Eso justifica plenamente tu sentencia, y demuestra que tu juicio es impecable.

262. *¿Qué pecados debemos confesar ante Dios?*

Ante Dios debemos reconocernos culpables de todos los pecados, aún de aquellos que ignoramos, como lo hacemos en el Padrenuestro.

876 **Sal 19.12** ¿Acaso hay quien reconozca sus propios errores? ¡Perdóname por los que no puedo recordar!

877 **Pr 28.13** El que encubre sus pecados no prospera; el que los confiesa y se aparta de ellos alcanza la misericordia divina.

878 **1 Jn 1.8-9** Si decimos que no tenemos pecado, nos engañamos a nosotros mismos, y la verdad no está en nosotros. Si confesamos nuestros pecados, él es fiel y justo para perdonar nuestros pecados y limpiarnos de toda maldad.

263. *¿Qué pecados debemos confesar también ante nuestro prójimo?*

Ante nuestro prójimo debemos confesar todos los pecados que hemos cometido contra él.

879 **Stg 5.16** Confiesen sus pecados unos a otros.

880 **Mt 5.23-24** Si traes tu ofrenda al altar, y allí te acuerdas de que tu hermano tiene algo contra ti, deja allí tu ofrenda delante del altar, y ve y reconcíliate primero con tu hermano, y después de eso vuelve y presenta tu ofrenda.

264. *¿Qué pecados se nos anima a confesar privadamente ante nuestro pastor o confesor?*

Ante el pastor o confesor confesamos aquellos pecados que conocemos y sentimos en nuestro corazón, especialmente los que nos atormentan.

881 **2 S 12.13** David le respondió a Natán: "Reconozco que he pecado contra el Señor." Y Natán le dijo: "El Señor ha perdonado tu pecado, y no vas a morir."

882 **Stg 5.16** Confiesen sus pecados unos a otros, y oren unos por otros, para que sean sanados.

Nota: Nadie debe ser obligado a la confesión privada.

265. *¿Cuál es la segunda parte de la confesión?*

La segunda parte de la confesión es cuando recibimos la absolución, o sea, el perdón de los pecados.

883 **Is 1.18** El Señor dice: "Vengan ahora, y pongamos las cosas en claro. Si sus pecados son como la grana, se pondrán blancos como la nieve. Si son rojos como el carmesí, se pondrán blancos como la lana."

266. ***¿Cómo debemos considerar la absolución (perdón) pronunciada por el pastor?***

Debemos recibir la absolución del pastor como de Dios mismo, sin dudar, sino creyendo firmemente que por ella nuestros pecados son perdonados ante Dios en el cielo.

884 **Mt 18.18** Todo lo que desaten en la tierra, será desatado en el cielo.

885 **Lc 10.16** El que los escucha a ustedes, me escucha a mí.

886 **Jn 20.23** A quienes ustedes perdonen los pecados, les quedarán perdonados.

267. ***¿Qué seguridad puedo tener de que mi confesión privada al pastor permanecerá confidencial?***

El pastor se compromete a no contar a nadie acerca de los pecados que le contaste en tu confesión privada, porque tales pecados han sido removidos.

887 **Sal 103.12** Tan lejos como está el oriente del occidente, alejó de nosotros nuestras rebeliones.

888 **Pr 11.13** Quien es chismoso da a conocer el secreto; quien es ecuánime es también reservado.

889 **1 Ti 3.1-2** Ésta es palabra fiel: Si alguno anhela ser obispo, desea una buena obra. Pero es necesario que el obispo sea irreprensible y que tenga una sola esposa; que sea sobrio, prudente, decoroso, hospedador, apto para enseñar.

268. ***¿Cuál es el beneficio de la confesión y absolución privadas?***

En la confesión y absolución privadas, Dios mismo a través del pastor perdona al creyente los pecados que éste confesó.

"Cuando un corazón sintiere sus pecados y ansiare consolación, tendrá en esto un refugio seguro donde halla y oye la palabra de Dios, por medio de un hombre que lo libera y lo absuelve de los pecados" (Catecismo Mayor, Breve Exhortación a la Confesión).

890 **Sal 32.2** Dichoso aquél a quien el Señor ya no acusa de impiedad, y en el que no hay engaño.

891 **2 S 12.13** Y Natán le dijo: "El Señor ha perdonado tu pecado, y no vas a morir."

892 **Mt 9.2** Ten ánimo, hijo; los pecados te son perdonados.

Forma de confesión

[La intención de Lutero era que la siguiente forma sirviera sólo como un ejemplo de confesión privada para los cristianos de su tiempo.]

El penitente dice:

Honorable y estimado señor, le pido que tenga a bien escuchar mi confesión y declarar el perdón de mis pecados por Dios.

Yo, pobre pecador, me confieso ante Dios que soy culpable de todos los pecados; especialmente me confieso ante su presencia que siendo sirviente, sirvienta, etc., sirvo lamentablemente en forma infiel a mi amo, pues aquí y allí no he hecho lo que me ha sido encomendado, habiéndolo movido a encolerizarse o a maldecir; he descuidado algunas cosas y he permitido que ocurran daños. He sido también impúdico en palabras y obras; me he irritado con mis semejantes y he murmurado y maldecido contra mi amo, etc. Todo esto lo lamento y solicito su gracia; quiero corregirme.

Un amo o ama debe decir así:

En especial confieso ante su presencia que no eduqué fielmente para gloria de Dios a mi hijo, sirviente, mujer. He maldecido; he dado malos ejemplos con palabras y obras impúdicas; he hecho mal a mi vecino, hablando mal de él, vendiéndole muy caro, dándole mala mercadería y no toda la cantidad que corresponde.

En general, deberá confesarse todo lo que uno ha hecho en contra de los Diez Mandamientos, lo que corresponde según su estado, etc.

Si alguien no se siente cargado de tales o aun mayores pecados, entonces no debe preocuparse o buscar más pecados ni inventarlos, haciendo con ello un martirio de la confesión, sino que debe contar uno o dos, tal como él lo sabe, de esta manera: En especial confieso que he maldecido una vez; del mismo modo, que he sido desconsiderado una vez con palabras, que he descuidado esto, etc. Considera esto como suficiente.

Si no sientes ninguno (lo que no debería ser posible), entonces no debes decir nada en particular, sino recibir el perdón de la confesión general, así como lo haces ante Dios en presencia del confesor.

A ello debe responder el confesor:

Dios sea contigo misericordioso y fortalezca tu fe, Amén.

Dime:

¿Crees tú también que mi perdón sea el perdón de Dios?

Sí, venerable señor.

Entonces dirá:

Así como has creído, de la misma forma acontezca en ti. Y yo, por mandato de nuestro Señor Jesucristo, te perdono tus pecados en el nombre del Padre y del Hijo y del Espíritu Santo. Amén. Ve en paz.

Aquellos que tengan gran carga de conciencia o estén afligidos o atribulados los sabrá consolar e impulsar hacia la fe un confesor con más pasajes bíblicos. Ésta debe ser sólo una manera usual de confesión para la gente sencilla.

El oficio de las llaves

¿Qué es el oficio de las llaves?

El oficio de las llaves es el poder especial que nuestro Señor Jesucristo ha dado a su iglesia en la tierra de perdonar los pecados a los penitentes, y de no perdonar a los impenitentes mientras no se arrepientan.

¿Dónde está escrito esto?

Así escribe el evangelista San Juan en el capítulo veinte: Reciban el Espíritu Santo. A quienes ustedes perdonen los pecados, les quedarán perdonados; y a quienes no se los perdonen, les quedarán sin perdonar (**Juan 20.22-23**).

¿Qué crees según estas palabras?
Cuando los ministros debidamente llamados de Cristo, por su mandato divino, tratan con nosotros, especialmente cuando excluyen a los pecadores manifiestos e impenitentes de la congregación cristiana, y cuando absuelven a los que se arrepienten de sus pecados y prometen enmendarse, creo que esto es tan válido y cierto, también en el cielo, como si nuestro Señor Jesucristo mismo tratase con nosotros.

269. ***¿Qué autoridad especial ha dado Cristo a su iglesia en la tierra?***
Cristo ha dado a su iglesia la autoridad de perdonar los pecados y de retener el perdón.

893 **Mt 18.18** De cierto les digo que todo lo que aten en la tierra, será atado en el cielo; y todo lo que desaten en la tierra, será desatado en el cielo.

894 **Jn 20.22-23** [Jesús] sopló y les dijo: “Reciban el Espíritu Santo. A quienes ustedes perdonen los pecados, les serán perdonados; y a quienes no se los perdonen, no les serán perdonados.”

270. ***¿Por qué se llama esta autoridad el oficio de las llaves?***
Esta autoridad funciona como una llave que abre el cielo por medio del perdón de los pecados, o lo cierra por medio de la retención del perdón.

895 **Mt 16.19** A ti te daré las llaves del reino de los cielos.

271. ***¿Cómo se relaciona el oficio de las llaves con la proclamación del evangelio?***
El oficio de las llaves es una manera especial, dada por Dios de aplicar el evangelio al creyente. “Dios es superabundante en dar su gracia. Primero, por la palabra oral, en la cual es predicada la remisión de los pecados en todo el mundo, lo cual constituye el oficio propio del evangelio. En segundo término, mediante el bautismo. En tercer lugar, por medio del santo sacramento del altar. En cuarto, por medio del poder de las llaves y también por medio de la conversación y consolación mutua entre los hermanos.” (Artículos de Esmalcalda III Sobre el Evangelio).

896 **Mt 18.20** Porque donde dos o tres se reúnen en mi nombre, allí estoy yo, en medio de ellos.

897 **Mt 28.18-20** Jesús se acercó y les dijo: “Toda autoridad me ha sido dada en el cielo y en la tierra. Por tanto, vayan y hagan discípulos en todas las naciones, y bautícenlos en el nombre del Padre, y del Hijo, y del Espíritu Santo. Enséñenles a cumplir todas las cosas que les he mandado. Y yo estaré con ustedes todos los días, hasta el fin del mundo.”

898 **1 P 2.9** Ustedes son linaje escogido, real sacerdocio, nación santa, pueblo adquirido por Dios, para que anuncien los hechos maravillosos de aquel que los llamó de las tinieblas a su luz admirable.

272. ***¿Quiénes deben ser perdonados?***
Aquellos que se arrepienten y piden perdón deben ser perdonados.

899 **Hch 3.19** Por lo tanto, arrepiéntanse y vuélvanse a Dios, para que sus pecados les sean perdonados.

273. ***¿Quién recibe el perdón dado en la absolución?***
Solamente los creyentes arrepentidos reciben el perdón.

900 **Sal 32.5** Te confesé mi pecado; no oculté mi maldad. Me dije: "Confesaré al Señor mi rebeldía", y tú perdonaste la maldad de mi pecado.

274. ***¿Quiénes son creyentes penitentes?***

Creyentes penitentes son los que sienten pesar por sus pecados (contrición) y creen en el Señor Jesucristo como su Salvador (fe).

901 **Sal 51.17** Los sacrificios que tú quieres son el espíritu quebrantado; tú, Dios mío, no desprecias al corazón contrito y humillado.

902 **Hch 16.31** Cree en el Señor Jesucristo, y se salvarán tú y tu familia.

Nota: Los pecadores que secretamente no se arrepienten (hipócritas) rechazan el perdón que verdaderamente les ofrece la absolución.

275. ***¿A quiénes no se debe perdonar?***

No se debe perdonar a los pecadores no arrepentidos, esto es, los que no sienten pesar por sus pecados y no creen en Jesucristo, en tanto no se arrepientan.

903 **Mt 18.17** Si tampoco a ellos les hace caso, hazlo saber a la iglesia; y si tampoco a la iglesia le hace caso, ténganlo entonces por gentil y cobrador de impuestos.

276. ***¿Cuál es el resultado que debe seguir al arrepentimiento?***

"Después deben seguir la corrección y el abandono del pecado, pues éstos deben ser los frutos del arrepentimiento" (Confesión de Augsburgo XII).

904 **Mt 3.8** Produzcan frutos dignos de arrepentimiento.

905 **Jn 8.11** Vete, y no peques más.

H.B. **Lc 19.1-10** Zaqueo el cobrador de impuestos.

277. ***¿Cómo administran públicamente las congregaciones cristianas el oficio de las llaves?***

Las congregaciones cristianas, por mandato de Cristo, llaman pastores para que ejerzan el oficio de las llaves públicamente en su nombre y en representación de la congregación. El oficio pastoral es una institución divina.

906 **Ef 4.11** Y él mismo constituyó a unos, apóstoles; a otros, profetas; a otros, evangelistas; a otros, pastores y maestros.

907 **Hch 20.28** Yo les ruego que piensen en ustedes mismos, y que velen por el rebaño sobre el cual el Espíritu Santo los ha puesto como obispos.

908 **1 Co 4.1** Todos deben considerarnos servidores de Cristo y administradores de los misterios de Dios.

909 **2 Co 2.10** Y se lo perdono... por consideración a ustedes en la presencia de Cristo.

278. ***¿Quién puede ser considerado para el oficio pastoral?***

Las congregaciones deben llamar a hombres que, personal y espiritualmente, estén bien calificados para ser sus pastores. "Respecto al gobierno eclesiástico se enseña que nadie debe enseñar públicamente en la iglesia ni predicar ni administrar los sacramentos sin llamamiento legítimo" (Confesión de Augsburgo XIV).

910 **1 Ti 3.1-2** Si alguno anhela ser obispo, desea una buena obra. Pero es necesario que el obispo sea irreprensible y que tenga una sola esposa; que sea sobrio, prudente, decoroso, hospedador, apto para enseñar.

911 **2 Ti 2.2** Lo que has oído de mí ante muchos testigos, encárgaselo a hombres fieles que sean idóneos para enseñar también a otros.

912 **2 Ti 2.15** Procura con diligencia presentarte ante Dios aprobado, como obrero que no tiene de qué avergonzarse y que usa bien la palabra de verdad.

913 **1 Co 14.33-34** Como en todas las iglesias de los santos, 34 en la congregación las esposas deben guardar silencio, porque no les está permitido hablar, sino que estén sujetas, como también la ley lo dice.

Nota: Ver **1 Ti 2.11-14**

La disciplina eclesiástica y la excomunión

279. *¿Qué se debe hacer con los que abiertamente no se arrepienten?*

La congregación cristiana debe ejercer la disciplina eclesiástica en amor y paciencia. "Si tu hermano te hace algo malo, habla con él a solas y hazle reconocer su falta. Si te hace caso, ya has ganado a tu hermano. Si no te hace caso, llama a una o dos personas más, para que toda acusación se base en el testimonio de dos o tres testigos. Si tampoco les hace caso a ellos, díselo a la congregación; y si tampoco hace caso a la congregación, entonces habrás de considerarlo como un pagano o como uno de esos que cobran impuestos para Roma" (**Mt 18.15-17**).

914 **Gl 6.1-2** Hermanos, si alguno es sorprendido en alguna falta, ustedes, que son espirituales, restáurenlo con espíritu de mansedumbre. Piensa en ti mismo, no sea que también tú seas tentado. Sobrelleven los unos las cargas de los otros, y cumplan así la ley de Cristo.

915 **Ef 4.2-3** Sean humildes y mansos, y tolerantes y pacientes unos con otros, en amor. Procuren mantener la unidad del Espíritu en el vínculo de la paz.

280. *¿Qué debe hacer finalmente la congregación con los pecadores abiertamente no arrepentidos?*

La congregación cristiana debe excluir a los pecadores abiertamente no arrepentidos (excomunión).

916 **1 Co 5.13** A los de afuera, ya Dios los juzgará. Así que, ¡saquen de entre ustedes a ese perverso!

281. *¿Con qué autoridad excomulga la congregación a los pecadores abiertamente no arrepentidos?*

La excomunión es autorizada por Cristo y es tan válida y cierta, aún en el cielo, como si nuestro querido Señor Jesucristo mismo tratase con nosotros.

917 **Mt 18.18** De cierto les digo que todo lo que aten en la tierra, será atado en el cielo.

282. *¿Cuál es el deber del ministro llamado por Cristo cuando la congregación ha excomulgado a un pecador?*

El pastor debe llevar a cabo la decisión de la congregación, esto es, debe excluir al excomulgado de los derechos y privilegios de un cristiano.

283. *¿Cuál es el propósito de la excomunión?*

La excomunión no tiene el propósito de castigar al pecador, sino de

A. llevarlo al arrepentimiento y a la fe;

918 Mt 12.20 No quebrará la caña cascada, ni apagará la mecha humeante.
919 Hch 3.19 Por lo tanto, arrepiéntanse y vuélvanse a Dios, para que sus pecados les sean perdonados.

B. prevenir que lleve a otros al pecado.

920 Mt 18.6 A cualquiera que haga tropezar a alguno de estos pequeños que creen en mí, más le valdría que le colgaran al cuello una piedra de molino, y que lo hundieran en el fondo del mar.
921 1 Co 5.6 No está bien que ustedes se jacten. ¿No saben que un poco de levadura hace fermentar toda la masa?

284. *¿Cuál es el deber de una congregación para con un excomulgado que se arrepiente?*

La congregación debe perdonar a toda persona excomulgada que se arrepiente, y recibirla de vuelta en plena comunión.

922 2 Co 2.7-8 Ahora deben perdonarlo y consolarlo, pues de lo contrario podría consumirlo la tristeza. Por tanto, les ruego que confirmen su amor hacia él.

EL SACRAMENTO DEL ALTAR

I. La naturaleza del Sacramento del Altar

¿Qué es el Sacramento del Altar?

Es el verdadero cuerpo y la verdadera sangre de nuestro Señor Jesucristo bajo el pan y el vino, instituido por Cristo mismo para que los cristianos comamos y bebamos.

¿Dónde está escrito esto?

Así escriben los santos evangelistas Mateo, Marcos y Lucas, y también San Pablo: "Nuestro Señor Jesucristo, la noche en que fue entregado, tomó el pan; y habiendo dado gracias, lo partió y dio a sus discípulos, diciendo: Tomen, coman; esto es mi cuerpo que por ustedes es dado. Hagan esto en memoria de mí. Asimismo tomó también la copa, después de haber cenado, y habiendo dado gracias, la dio a ellos, diciendo: Tomen, y beban de ella todos; esta copa es el nuevo pacto en mi sangre, que es derramada por ustedes para remisión de los pecados. Hagan esto, todas las veces que beban, en memoria mía"

285. *¿Cuáles son algunos otros nombres para el Sacramento del Altar?*

El sacramento se llama también la Cena del Señor, la Mesa del Señor, Santa Comunión, el Partimiento del Pan y la Eucaristía.

923 **1 Co 11.20** Cuando ustedes se reúnen, en realidad ya no lo hacen para participar en la cena del Señor.

924 **1 Co 10.21** Ustedes no pueden beber de la copa del Señor, y también de la copa de los demonios.

925 **1 Co 10.16** La copa de bendición por la cual damos gracias, ¿no es la comunión de la sangre de Cristo? Y el pan que partimos, ¿no es la comunión del cuerpo de Cristo?

926 **Hch 2.42** Se mantenían fieles a las enseñanzas de los apóstoles y en el mutuo compañerismo, en el partimiento del pan y en las oraciones.

927 **Mt 26.26** Mientras comían, Jesús tomó el pan y lo bendijo; luego lo partió y se lo dio a sus discípulos, y les dijo: "Tomen, coman; esto es mi cuerpo."

Nota: La palabra eucaristía viene del griego "dar gracias."

286. *¿Quién instituyó el Sacramento del Altar?*

Jesucristo, verdadero Dios y verdadero hombre, instituyó este sacramento.

928 **1 Co 11.23-24** Yo recibí del Señor lo mismo que les he enseñado a ustedes: Que la noche que fue entregado, el Señor Jesús tomó pan, y que luego de dar gracias, lo partió y dijo: "Tomen y coman. Esto es mi cuerpo, que por ustedes es partido; hagan esto en mi memoria."

287. *¿Qué nos da Cristo en este sacramento?*

En este sacramento Cristo nos da su propio cuerpo y sangre para el perdón de los pecados.

929 **Mt 26.26, 28** Esto es mi cuerpo... esto es mi sangre.

288. *¿Cómo indica la Biblia que estas palabras de Cristo no son lenguaje figurado?*

Las palabras de Cristo en el sacramento se deben tomar literalmente especialmente porque:

A. estas palabras son las palabras de un testamento, y aún el testamento de una persona común no ha de cambiarse una vez que tal persona haya muerto;

930 **1 Co 11.25** "Esta copa es el nuevo pacto (testamento) en mi sangre."

931 **Gl 3.15** Hermanos, hablo en términos humanos: Un pacto (testamento) nadie puede invalidarlo, ni tampoco se le puede añadir nada, aunque sea un pacto humano.

Nota: Comparar también con Heb 9.15-22

B. la palabra de Dios enseña claramente que en el sacramento el pan y el vino son una comunión o participación en el cuerpo y la sangre de Cristo;

932 **1 Co 10.16** La copa de bendición por la cual damos gracias, ¿no es la comunión de la sangre de Cristo? Y el pan que partimos, ¿no es la comunión del cuerpo de Cristo?

C. la palabra de Dios enseña claramente que los que abusan del sacramento pecan, no contra el pan y el vino, sino contra el cuerpo y la sangre de Cristo.

933 **1 Co 11.27, 29** Así que cualquiera que coma este pan o beba esta copa del Señor de manera indigna, será culpado del cuerpo y de la sangre del Señor. Porque el que come y bebe de manera indigna, y sin discernir el cuerpo del Señor, come y bebe para su propio castigo.

289. ***¿Cuáles son los elementos visibles en este sacramento?***

Los elementos visibles son pan, y vino.

934 **Mt 26.26-27** [Jesús] tomó el pan... tomó la copa.

Nota: "El fruto de la vid" (**Lc 22.18**) en la Biblia significa vino, no jugo de uva. Ver también **1 Co 11.21**.

290. ***¿Reemplazan el cuerpo y la sangre de Cristo al pan y vino en el sacramento de tal manera que el pan y el vino no están más allí?***

No, el pan y el vino permanecen pan y vino en el sacramento.

935 **1 Co 11.26** Siempre que coman este pan, y beban esta copa, proclaman la muerte del Señor, hasta que él venga.

291. ***¿Cómo es entonces que en este sacramento el pan y el vino son el cuerpo y la sangre de Cristo?***

En este sacramento el pan y el vino son el cuerpo y la sangre de Cristo por la unión sacramental. Por el poder de su palabra, Cristo da su cuerpo y sangre en, con y bajo el pan y vino consagrados (bendecidos).

936 **1 Co 10.16** La copa de bendición por la cual damos gracias, ¿no es la comunión de la sangre de Cristo? Y el pan que partimos, ¿no es la comunión del cuerpo de Cristo?

292. ***¿Reciben todos los comulgantes en este sacramento el cuerpo y la sangre, crean o no?***

Sí, porque el sacramento depende de las palabras de Cristo, no de nuestra fe.

937 **1 Co 11.27** Así que cualquiera que coma este pan o beba esta copa del Señor de manera indigna, será culpado del cuerpo y de la sangre del Señor.

Nota: Todos los comulgantes deben recibir ambas partes del sacramento, porque Cristo dijo: "Coman, esto es mi cuerpo... Beban todos ustedes" (**Mt 26.26-27**).

293. ***¿Son sacrificados nuevamente a Dios en el sacramento el cuerpo y la sangre de Cristo por los pecados de los vivos y de los muertos?***

No, el cuerpo y la sangre de Cristo en el sacramento son el perfecto sacrificio ofrecido a Dios una vez y para siempre en la cruz, y ahora se nos distribuyen en el sacramento junto con todos los beneficios y bendiciones que este sacrificio nos ha ganado.

938 **1 Co 5.7** Nuestra pascua, que es Cristo, ya ha sido sacrificada por nosotros.

939 **Heb 10.14** Él, por medio de una sola ofrenda, hizo perfectos para siempre a los santificados.

940 **Heb 10.18** Cuando los pecados ya han sido perdonados, no hay más necesidad de presentar ofrendas por el pecado.

Nota: Hablamos del "Sacramento del Altar" porque un altar es un lugar de sacrificio. Jesús sacrificó su cuerpo y su sangre en la cruz por los pecados del mundo una vez y para siempre. En el Sacramento del Altar él distribuye este mismo cuerpo y sangre hasta el final de los tiempos.

294. ***¿Qué ordena nuestro Señor Jesucristo cuando dice: "Hagan esto en memoria de mí"?***

Con estas palabras Cristo ordena que se celebre su sacramento en la iglesia hasta el fin de los tiempos como una proclamación y distribución vivientes de su muerte salvadora y de todas sus bendiciones.

941 **1 Co 11.26** Por lo tanto, siempre que coman este pan, y beban esta copa, proclaman la muerte del Señor, hasta que él venga.

295. ***¿Por qué debemos recibir frecuentemente este sacramento?***

Debemos recibir este sacramento con frecuencia porque:

A. Cristo nos ordena o invita encarecidamente, diciendo: "Hagan esto en memoria de mí";

B. sus palabras "dado y derramada por ustedes para remisión de los pecados", nos prometen y ofrecen grandes bendiciones;

942 **Mt 11.28** Vengan a mí todos ustedes, los agotados de tanto trabajar, que yo los haré descansar.

C. necesitamos el perdón de nuestros pecados y el fortalecimiento para llevar una vida nueva y santa.

943 **Jn 15.5** Yo soy la vid y ustedes los pámpanos; el que permanece en mí, y yo en él, éste lleva mucho fruto; porque separados de mí ustedes nada pueden hacer.

Nota: En el Nuevo Testamento, el sacramento era un rasgo regular y principal de la adoración congregacional, y no algo ocasional (**Hch 2.42; 20.7; 1 Co 11.20, 33**). En los tiempos de la Reforma nuestras iglesias celebraban el sacramento "todos los domingos y en otros días de fiestas" (Apología XXIV).

II. El beneficio del Sacramento del Altar

¿Qué beneficios confiere este comer y beber?

Los beneficios los indican estas palabras: "Por ustedes dado" y "derramada por ustedes para perdón de los pecados". O sea, por estas palabras se nos da en el sacramento perdón de pecados, vida y salvación; porque donde hay perdón de pecados, allí también hay vida y salvación.

296. ***¿Qué beneficios se ofrecen en este sacramento?***

A. La mayor bendición de este sacramento es el perdón de los pecados ganado por nosotros por el cuerpo y la sangre de Cristo en la cruz (la Cena del Señor es un medio de gracia).

944 **Mt 26.28** Esto es mi sangre del nuevo pacto, que es derramada por muchos, para perdón de los pecados.

945 **1 P 1.18-19** Ustedes saben que fueron rescatados de una vida sin sentido, la cual heredaron de sus padres; y que ese rescate no se pagó con cosas corruptibles, como el oro y la plata, sino con la sangre preciosa de Cristo, sin mancha y sin contaminación, como la de un cordero.

946 **Col 1.21-22** [Dios] los ha reconciliado completamente en su cuerpo físico, por medio de la muerte, para presentárselos a sí mismo santos, sin mancha e irreprensibles.

947 **1 Jn 1.7** La sangre de Jesús, su Hijo, nos limpia de todo pecado.

B. Junto con el perdón de los pecados Dios nos da también todas las demás bendiciones, esto es, "vida y salvación."

"No se debe considerar el sacramento nunca como cosa perjudicial, que deba rehuirse, sino como medicina saludable y consoladora, que te ayudará y te vivificará tanto en el alma como en el cuerpo. Porque donde el alma está sanada, también está socorrido el cuerpo" (Catecismo Mayor V).

"Y hablamos de la presencia del Cristo viviente; pues sabemos que la muerte no se enseñorea más de él" (**Ro 6.9**) (Apología X).

948 **Ro 6.8-9** Así que, si morimos con Cristo, creemos que también viviremos con él. Sabemos que Cristo resucitó y que no volverá a morir, pues la muerte ya no tiene poder sobre él.

949 **Ro 8.31-32** ¿Qué más podemos decir? Que si Dios está a nuestro favor, nadie podrá estar en contra de nosotros. El que no escatimó ni a su propio Hijo, sino que lo entregó por todos nosotros, ¿cómo no nos dará también con él todas las cosas?

C. En este sacramento Cristo nos da la victoria sobre el pecado y el infierno, y poder para la nueva vida en él.

950 **Ro 8.10** Si Cristo está en ustedes, el cuerpo está en verdad muerto a causa del pecado, pero el espíritu vive a causa de la justicia.

951 **1 P 2.24** Él mismo llevó en su cuerpo nuestros pecados al madero, para que nosotros, muertos ya al pecado, vivamos para la justicia. Por sus heridas fueron ustedes sanados.

D. En tanto los cristianos participan juntos de este sacramento, hacen una solemne confesión pública de Cristo y de unidad en la verdad de su evangelio.

952 **1 Co 10.17** Hay un solo pan, del cual todos participamos; por eso, aunque somos muchos, conformamos un solo cuerpo.

953 **1 Co 11.26** Por lo tanto, siempre que coman este pan, y beban esta copa, proclaman la muerte del Señor, hasta que él venga.

Nota: Ver **Heb 12.22-24**.

III. El poder del Sacramento del Altar

¿Cómo puede el comer y beber corporal hacer cosas tan grandes?

Ciertamente, el comer y beber no es lo que las hace, sino las palabras que están aquí escritas: "Por vosotros dado" y "derramada por ustedes para remisión de los pecados." Estas palabras son, junto con el comer y beber corporal, lo principal en el sacramento. Y el que cree dichas palabras, tiene lo que ellas dicen y expresan, a saber, "la remisión de los pecados."

297. ***¿Cómo se puede obtener perdón de pecados, vida y salvación mediante el comer y beber corporal?***

No es simplemente el comer y beber, sino las palabras de Cristo, junto con su cuerpo y su sangre, bajo el pan y el vino, son la forma por medio de la cual se dan estas bendiciones. "Nosotros no afirmamos cosa semejante acerca del pan y del vino por el mero hecho de serlo, sino que nos referimos únicamente al pan y vino que son el cuerpo y la sangre de Cristo y que van unidos a la palabra. Esto, decimos, y ninguna otra cosa es el tesoro mediante el cual se adquiere tal perdón de los pecados" (Catecismo Mayor V). Las palabras de Cristo han puesto estos dones en el sacramento, y el creyente los recibe por medio de la fe.

298. ***¿Recibe cada comulgante los beneficios de perdón, vida y salvación?***

Perdón, vida y salvación se ofrecen verdaderamente a todos los que comen y beben el cuerpo y la sangre del Señor en el sacramento, pero sólo por fe podemos recibir las bendiciones que allí se ofrecen.

954 **Lc 1.45** ¡Dichosa tú, que has creído, porque se cumplirá lo que el Señor te ha anunciado!

955 **Lc 11.27-28** "¡Dichoso el vientre que te dio a luz, y los senos que te amamantaron!" Jesús respondió: "Más bien, dichosos los que escuchan la palabra de Dios, y la obedecen."

Nota: El guardar o el obedecer las promesas de la palabra de Dios es simplemente creer y confiar en ella. "Pues este mensaje nos muestra de qué manera Dios nos libra de culpa: es por fe y solamente por fe. Así lo dicen las Escrituras: 'El justo por la fe vivirá' " (**Ro 1.17**).

956 **1 Co 10.3-5** También todos ellos comieron el mismo alimento espiritual, y todos bebieron la misma bebida espiritual, porque bebían de la roca espiritual que los seguía, la cual era Cristo. Pero la mayoría de ellos no agradó a Dios, y por eso quedaron tendidos en el desierto.

H.B. **Mt 9.20-22, 27-29** Había una bendición en tocar a Jesús o en el ser tocado por él, y por medio de la fe se lo recibía.

IV. Cómo se recibe este sacramento dignamente

¿Quién recibe este sacramento dignamente?

El ayunar y prepararse corporalmente es, por cierto, una buena disciplina externa; pero es verdaderamente digno y está bien preparado aquél que tiene fe en las palabras: "Por ustedes dado" y "derramada por ustedes para remisión de los pecados." Mas el que no cree estas palabras, o duda de ellas, no es digno, ni está preparado, porque las palabras "por ustedes" exigen corazones enteramente creyentes.

299. ***¿Por qué es importante recibir este sacramento dignamente?***

Es muy importante porque San Pablo claramente enseña: "Así que cualquiera que coma este pan o beba esta copa del Señor de manera indigna, será culpado del cuerpo y de la sangre del Señor. Por tanto, cada uno de ustedes debe examinarse a sí mismo antes de comer el pan y de beber de la copa. Porque el que come y bebe de manera indigna, y sin discernir el cuerpo del Señor, come y bebe para su propio castigo" (**1 Co 11.27-29**).

300. ***¿Es necesario ayunar antes de recibir este sacramento?***

El ayuno es una buena disciplina de la voluntad, pero Dios no ordenó horas, lugares o formas particulares para hacerlo.

957 **1 Ti 4.8** El ejercicio corporal es poco provechoso, pero la piedad es provechosa para todo.

Nota: Ver **1 Co 9.24-27**.

301. ***¿Cuándo recibimos este sacramento dignamente?***

Lo recibimos dignamente cuando tenemos fe en Cristo y en sus palabras: "Dado y derramada por ustedes para remisión de los pecados."

302. ***¿Cuándo es indigna y no está preparada una persona?***

Una persona es indigna y no está preparada cuando no cree o duda de las palabras de Cristo, porque las palabras "por ustedes" exigen corazones verdaderamente creyentes.

303. ***¿Cómo debemos examinarnos antes de recibir este sacramento?***

Debemos examinarnos para ver si

A. sentimos pesar por nuestros pecados;

958 **Sal 38.18** Voy a confesar mi maldad; pues me pesa haber pecado.

959 **2 Co 7.10-11** La tristeza que proviene de Dios produce arrepentimiento para salvación, y de ésta no hay que arrepentirse, pero la tristeza que proviene del mundo produce muerte. ¡Fíjense! Esta tristeza que provino de Dios, ¡produjo en ustedes preocupación!

B. creemos en nuestro Salvador Jesucristo y en sus palabras en este sacramento;

960 **Lc 22.19-20** Esto es mi cuerpo, que por ustedes es entregado... Esta copa es el nuevo pacto en mi sangre, que por ustedes va a ser derramada.

961 **2 Co 13.5** Examínense ustedes mismos y vean si permanecen en la fe; pónganse a prueba ustedes mismos.

C. nos proponemos, con la ayuda del Espíritu Santo, cambiar nuestras vidas pecaminosas.

962 **Ef 4.22-24** En cuanto a su pasada manera de vivir, despójense de su vieja naturaleza, la cual está corrompida por los deseos engañosos; renuévense en el espíritu de su mente, y revístanse de la nueva naturaleza, creada en conformidad con Dios en la justicia y santidad de la verdad.

Nota: Como una preparación para el sacramento, se pueden usar las "Preguntas cristianas con sus respuestas."

304. ***¿Pueden participar de la Mesa del Señor los que son débiles en la fe?***

Sí, porque Cristo instituyó este sacramento con el propósito de fortalecer e incrementar nuestra fe.

963 **Mc 9.24** ¡Creo! ¡Ayúdame en mi incredulidad!

964 **Jn 6.37** Al que a mí viene, no lo echo fuera.

305. *¿A quién no se debe dar este sacramento?*

Este sacramento no se debe dar a los siguientes:

A. A los que son abiertamente impíos y no se arrepienten, incluyendo a los que participan de cultos religiosos no cristianos.

965 **1 Co 5.11, 13** Más bien les escribí que no se junten con los que se dicen hermanos pero son libertinos, avaros, idólatras, insolentes, borrachos y ladrones. Con esa gente, ni siquiera coman juntos. A los de afuera, ya Dios los juzgará. Así que, ¡saquen de entre ustedes a ese perverso!

966 **1 Co 10.20-21** Lo que quiero decir es que los animales que ofrecen los no judíos, se ofrecen a los demonios, y no a Dios; y yo no quiero que ustedes tengan algo que ver con los demonios. Ustedes no pueden beber de la copa del Señor, y también de la copa de los demonios; no pueden participar de la mesa del Señor, y también de la mesa de los demonios.

B. A los que no quieren perdonar y rehúsan reconciliarse. De esta manera demuestran que no creen realmente que Dios les perdona también a ellos.

967 **Mt 6.15** Si ustedes no perdonan a los otros sus ofensas, tampoco el Padre de ustedes les perdonará sus ofensas.

H.B. **Mt 18.21-35** El siervo que no quiso perdonar.

C. A los que no confiesan la misma fe, porque la Cena del Señor es un testimonio de la unidad de la fe.

968 **Hch 2.42** Se mantenían fieles a las enseñanzas de los apóstoles y en el mutuo compañerismo, en el partimiento del pan y en las oraciones.

969 **1 Co 10.17** Hay un solo pan, del cual todos participamos; por eso, aunque somos muchos, conformamos un solo cuerpo.

970 **1 Co 11.26** Siempre que coman este pan, y beban esta copa, proclaman la muerte del Señor, hasta que él venga.

971 **Ro 16.17** Les ruego, hermanos, que se cuiden de los que causan divisiones y tropiezos en contra de la enseñanza que ustedes han recibido, y que se aparten de ellos.

D. A los que no pueden examinarse a sí mismos, como los niños pequeños, los que no recibieron instrucción adecuada, o los que están en estado inconsciente.

972 **1 Co 11.28** Cada uno de ustedes debe examinarse a sí mismo antes de comer el pan y de beber de la copa.

Nota: Los pastores como administradores de los misterios de Dios (**1 Co 4.1**) tienen la mayor responsabilidad en cuanto a quien puede ser admitido al sacramento. Alguna responsabilidad también recae sobre la congregación y el comulgante.

306. *¿Qué es la confirmación?*

La confirmación es un rito de la iglesia precedido por un período de instrucción diseñado para que el creyente ya bautizado se identifique con la vida y la misión de la comunidad cristiana.

Nota: Antes de ser admitido a la Santa Cena, es necesario ser instruido en la fe cristiana (**1 Co 11.28**). El rito de la confirmación provee una oportunidad para que el creyente, fiándose en la promesa de Dios dada en el santo Bautismo, dé una confesión de fe pública y personal como también una promesa de fidelidad a Cristo para toda su vida.

973 **Mt 10.32-33** A cualquiera que me confiese delante de los hombres, yo también lo confesaré delante de mi Padre que está en los cielos. Y a cualquiera que me niegue delante de los hombres, yo también lo negaré delante de mi Padre que está en los cielos.

974 **Ap 2.10** Sé fiel hasta la muerte, y yo te daré la corona de la vida.

APÉNDICE

Los libros de la Biblia

La Biblia está dividida en dos partes. Hay 66 libros en la Biblia: 39 en el Antiguo Testamento y 27 en el Nuevo Testamento

Los libros del Antiguo Testamento

Libros históricos

El pentateuco
(Los cinco libros de Moisés)

Génesis
Éxodo
Levítico
Números
Deuteronomio

Otros libros históricos

Josué
Jueces
Rut
1 Samuel
2 Samuel
1 Reyes
2 Reyes
1 Crónicas
2 Crónicas
Esdras
Nehemías
Ester

Libros poéticos

Job
Salmos
Proverbios
Eclesiastés
Cantar de los Cantares

Libros proféticos

Profetas mayores

Isaías
Jeremías
Lamentaciones
Ezequiel
Daniel

Profetas menores

Oseas
Joel
Amós
Abdías
Jonás
Miqueas
Nahúm
Habacuc
Sofonías
Hageo
Zacarías
Malaquías

Los libros del Nuevo Testamento

Libros históricos

Mateo
Marcos
Lucas
Juan
Hechos

Epístolas

Romanos
1 Corintios
2 Corintios
Gálatas
Efesios
Filipenses
Colosenses
1 Tesalonicenses
2 Tesalonicenses
1 Timoteo
2 Timoteo
Tito
Filemón
Hebreos
Santiago
1 Pedro
2 Pedro
1 Juan
2 Juan
3 Juan
Judas

Libro profético

Apocalipsis

Los credos y las confesiones

Además del Credo Apostólico, el Credo Niceno, que se confiesan cuando se celebra la Cena del Señor, y el Credo Atanasiano, que se lee muchas veces el domingo de la Santa Trinidad, son declaraciones universales de fe sostenidas por la Iglesia Luterana. Ambos se concentran especialmente en la persona y en la obra de Jesucristo.

La Iglesia Luterana también acepta sin reservas todos los documentos contenidos en el Libro de Concordia de 1580 como una declaración y exposición verdadera y no adulterada de la palabra de Dios. El más conocido y usado de estos documentos es el Catecismo Menor de Martín Lutero.

Lutero nació el 10 de noviembre de 1483 en Eisleben, Alemania. Estudió en la Universidad de Erfurt, reconocida como la mejor escuela, especialmente en leyes y artes liberales. Sin embargo, muy pronto solicitó ser admitido en la orden agustina. En 1507 fue consagrado como sacerdote. Más tarde obtuvo el doctorado en teología. Su ruptura con la Iglesia Católica Romana en 1521 se produjo después que se le ordenara retractarse de lo que él creía eran enseñanzas bíblicas contrarias a las de la Iglesia Romana.

El Catecismo Menor y el Catecismo Mayor, terminados en 1529, fueron concebidos originalmente para ser manuales de ayuda para pastores y jefes de familias en la enseñanza de la palabra de Dios a niños y adultos. El Catecismo Mayor no está hecho en forma de preguntas y respuestas, sino presenta enseñanzas cristianas básicas en una forma usada a menudo en sermones.

La Confesión de Augsburgo, otra declaración de fe muy conocida, fue escrita por Felipe Melanchton y leída ante el emperador Carlos V en Augsburgo, Alemania, en 1530. Aunque redactada un tono amigable, fue adoptada como un testimonio contra los abusos que prevalecían en la iglesia y contra los errores de ciertos reformadores en relación a doctrinas fundamentales como el pecado original y los sacramentos.

En 1531 Melanchton escribió la Apología (defensa) de la Confesión de Augsburgo. Este documento también llegó a ser una confesión de fe oficial entre los luteranos, cuando la adoptaron en Esmalcalda, Alemania, en 1537. Contesta detalladamente las críticas a la Confesión de Augsburgo.

Prácticamente, la mitad de la Apología está dedicada a la enseñanza bíblica de la justificación por gracia, por medio de la fe en Jesucristo.

Los Artículos de Esmalcalda fueron escritos por Lutero en 1536 y firmados por muchos clérigos presentes en Esmalcalda en 1537. Los artículos son un resumen de los principales desacuerdos de Lutero con la Iglesia Romana. El Tratado sobre el Poder y la Primacía del Papa, escrito por Melanchton, también fue adoptado oficialmente en Esmalcalda.

La Fórmula de Concordia, completada en 1577, sirvió para resolver diferencias doctrinales entre luteranos, y fue aprobada por más de 8.000 teólogos, pastores y maestros en 1580. No era una nueva confesión, sino una exposición y defensa de los escritos adoptados previamente.

Explicación del sello de Lutero

Martín Lutero diseñó este sello para resumir su fe cristiana.

Lo primero que queda expresado en mi sello es una cruz, negra, con el corazón rojo, para recordarme que la fe en el Cristo crucificado nos salva. "Porque con el corazón se cree para justicia." Ahora bien, aunque la cruz es negra, vergonzosa, y su objetivo es causar dolor, sin embargo no cambia el color del corazón, no destruye la naturaleza. En otras palabras, no mata, sino que mantiene con vida. "Porque el justo vivirá por la fe", por la fe en el Salvador. Pero el corazón está fijo en el centro de una rosa blanca, para indicar que la fe produce gozo, consuelo, y paz. La rosa es blanca, no roja, porque el blanco es el color ideal de todos los ángeles y espíritus benditos. Además, la rosa está aplicada sobre un fondo de color celeste, para mostrar que tal gozo de la fe en el espíritu no es otra cosa que una promesa y el comienzo del gozo celestial por venir. Este gozo, si bien aún no revelado, es anhelado y mantenido por la esperanza que tenemos. El fondo celeste está circundado por un anillo, para mostrar que esa bendición del cielo no tiene fin. Y siendo que el anillo es de oro, el mejor y más preciado metal, evidencia también que la bendición del cielo es más preciosa que todos los demás goces y tesoros.

Bosquejo de salvación

Los siete puntos siguientes resumen información básica acerca de la condición humana y la gracia salvadora de Dios. Memorizar estos puntos te pueden ayudar a compartirlos con alguien que todavía no cree en Jesús como su Salvador.

1. ¡Dios te ama! "Porque de tal manera amó Dios al mundo, que ha dado a su Hijo unigénito, para que todo aquel que en él cree no se pierda, sino que tenga vida eterna" (**Jn 3.16**).

2. Eres pecador. "Todos pecaron y están destituidos de la gloria de Dios" (**Ro 3.23**).

3. Dios castiga el pecado. "La paga del pecado es muerte, pero la dádiva de Dios es vida eterna en Cristo Jesús, nuestro Señor" (**Ro 6.23**).

4. Jesús cargó sobre sí nuestro castigo. "Dios muestra su amor por nosotros en que, cuando aún éramos pecadores, Cristo murió por nosotros" (**Ro 5.8**).

5. Jesús resucitó de los muertos. "En primer lugar, les he enseñado lo mismo que yo recibí: Que, conforme a las Escrituras, Cristo murió por nuestros pecados; que también, conforme a las Escrituras, fue sepultado y resucitó al tercer día" (**1 Co 15.3-4**).

6. Jesús ofrece el perdón de los pecados y la vida eterna a todos los que creen en él. "Luego los sacó y les preguntó: 'Señores, ¿qué debo hacer para salvarme?' Ellos le dijeron: 'Cree en el Señor Jesucristo, y se salvarán tú y tu familia'" (**Hch 16.30-31**)

7. La salvación es gratuita. Es un regalo de Dios. "Ciertamente la gracia de Dios los ha salvado por medio de la fe. Ésta no nació de ustedes, sino que es un don de Dios; ni es resultado de las obras, para que nadie se vanaglorie" (**Ef 2.8-9**).

El año eclesiástico

Cuatro domingos de Adviento

Navidad (el nacimiento de nuestro Señor)

Año Nuevo

Epifanía

Seis domingos después de Epifanía

Miércoles de Ceniza

Seis domingos de Cuaresma

Domingo de Ramos

Semana Santa, con Jueves Santo y Viernes Santo

La temporada de Pascua de Resurrección (La resurrección de nuestro Señor)

Cinco domingos de Pascua

La ascensión de nuestro Señor

Sexto Domingo de Pascua

Pentecostés

Segundo a Vigésimo Séptimo Domingo después de Pentecostés

Domingo del cumplimiento

Último Domingo después de Pentecostés

CPSIA information can be obtained
at www.ICGtesting.com
Printed in the USA
FFHW02n1036290918
48604122-52574FF

9 780758 650191